ADMINISTRADORES-DELEGADOS
E COMISSÕES EXECUTIVAS

ALGUMAS CONSIDERAÇÕES

ALEXANDRE DE SOVERAL MARTINS

ADMINISTRADORES-DELEGADOS E COMISSÕES EXECUTIVAS
ALGUMAS CONSIDERAÇÕES

2.ª Edição

ADMINISTRADORES-DELEGADOS E COMISSÕES EXECUTIVAS ALGUMAS CONSIDERAÇÕES

AUTOR
Alexandre de Soveral Martins

EDITOR
EDIÇÕES ALMEDINA, S.A.
Rua Fernandes Tomás nºs 76, 78, 80
3000-167 Coimbra
Tel.: 239 851 904 · Fax: 239 851 901
www.almedina.net · editora@almedina.net

DESIGN DE CAPA
FBA.

PRÉ-IMPRESSÃO · IMPRESSÃO E ACABAMENTO
G.C. – GRÁFICA DE COIMBRA, LDA.
Palheira Assafarge, 3001-453 Coimbra
producao@graficadecoimbra.pt
Novembro, 2011

DEPÓSITO LEGAL
336279/11

Apesar do cuidado e rigor colocados na elaboração da presente obra, devem os diplomas legais dela constantes ser sempre objecto de confirmação com as publicações oficiais.

Toda a reprodução desta obra, por fotocópia ou outro qualquer processo, sem prévia autorização escrita do Editor, é ilícita e passível de procedimento judicial contra o infractor.

 GRUPOALMEDINA

BIBLIOTECA NACIONAL DE PORTUGAL – CATALOGAÇÃO NA PUBLICAÇÃO

MARTINS, Alexandre de Soveral

Administradores delegados e comissões
executivas : algumas considerações. – 2ª ed.
(Cadernos IDET)
ISBN 978-972-40-4670-9

CDU 347

NOTA PRÉVIA

Em 1996, saiu para as livrarias o livro *Os administradores-delegados das sociedades anónimas. Algumas considerações*, que foi editado pela Fora do Texto. Em 2006, o CSC foi profundamente alterado. Algumas das modificações disseram respeito à delegação no seio do conselho de administração das sociedades anónimas e a temas próximos. Outros ordenamentos jurídicos conheceram também mudanças legislativas. E muito se escreveu sobre *Corporate Governance*. Justificava-se, por isso, voltar a percorrer os caminhos outrora calcorreados com gosto. É também isso que convido agora o leitor a fazer.

Em relação ao texto de 1996, para além de serem tomadas em conta as alterações referidas e revisto o texto, foram introduzidos capítulos sobre as comissões executivas e sobre questões de responsabilidade que a delegação faz emergir, assuntos sobre os quais também já tive oportunidade de escrever.

Não tendo sido possível, por razões objectivas, que esta nova edição fosse publicada na Fora do Texto, sai agora a público integrada numa das colecções que dão a conhecer a actividade realizada no seio do IDET. Fica aqui bem, pois muitos dos temas que são abordados na obra têm sido objecto das minhas aulas nas Pós-graduações daquele Instituto. Assim o acharam igualmente a Almedina e o IDET, credores desta palavra final de agradecimento.

Chãs de Semide, Agosto de 2011

CAPÍTULO I
A DELEGAÇÃO DE MATÉRIAS DE GESTÃO CORRENTE

1. Introdução

A complexidade de que pode revestir-se a actividade de gestão societária colocou poderes crescentes nas mãos dos administradores de sociedades anónimas. Isso foi também o resultado da dispersão da propriedade e do desinteresse de grande parte dos accionistas, não sendo normalmente possível, nas grandes sociedades anónimas, reunir todos os seus sócios, muitos deles pequenos accionistas que não querem nem podem acompanhar a vida da sociedade.

O poder concentra-se cada vez mais em volta dos administradores da sociedade e dos seus directores. Dentro do próprio órgão de administração das grandes sociedades anónimas, verifica-se uma tendência para a concentração do poder, comprovável em conselhos de administração com elevado número de membros. Nesses conselhos encontramos, simultaneamente, administradores-delegados muito próximos do grupo de controlo e que tudo sabem sobre a vida da sociedade e outros administradores que têm esta qualidade em grande parte devido ao acesso privilegiado aos corredores de certos edifícios.

Depois de o poder ter circulado da assembleia geral para o conselho de administração, tende a concentrar-se nas mãos de uma parte dos membros deste último órgão. Isso fica a dever-se também ao abstencionismo dos administradores de conselhos com elevado número de membros e pode reforçar a actuação do conselho de administração como veio de transmissão da vontade de uma maioria.

Esse poder acrescido dos administradores (e de alguns quadros técnicos) nada mais é, muitas vezes, do que uma forma de assegurar a supremacia do grupo de controlo. O proprietário, perante a ameaça, sente que «qualquer desmembramento seria, em maior ou menor medida, uma expropriação da empresa» e isso tem como consequência a «sua resistência a uma autêntica e autónoma tecnocracia, e a redução desta última, como era de prever, a um instrumento puro e simples da plutocracia (mais ou menos interessado, mais ou menos plutocratizado, mas sempre integrado na sua função de *longa manus*)»[1]. E quem pode ter influência na nomeação da maioria dos administradores é detentor de uma significativa parcela do poder na sociedade, poder esse que sofre uma concentração proporcional à dispersão da propriedade[2].

Mesmo no que diz respeito a sociedades anónimas integradas em grupos de sociedades, se «há um processo de transferência das atribuições decisórias próprias das várias sociedades agrupadas para a respectiva sociedade-mãe», também se verifica a «centralização (em maior ou menor grau) do poder último de direcção sobre a actividade empresarial dessas mesmas sociedades junto do núcleo dirigente do grupo»[3].

O CSC admite expressamente a existência de administradores-delegados. De acordo com o n.º 3 do art. 407.º, o contrato de sociedade «pode autorizar o conselho de administração a delegar num ou mais administradores ou numa comissão executiva a gestão corrente da sociedade». A delegação terá lugar

---

[1] ORLANDO DE CARVALHO, *Direito das Coisas (do Direito das Coisas em geral)*, Centelha, Coimbra, 1977, p. 46-47.
[2] JUAN LUÍS IGLESIAS PRADA, *Administración y delegación de facultades en la sociedad anónima*, Tecnos, Madrid, 1971, p. 40.
[3] ENGRÁCIA ANTUNES, *Os grupos de sociedades*, Almedina, Coimbra, 1993, p. 85 ss..

através de deliberação do conselho. E, como é óbvio, só poderá haver delegação quando a sociedade anónima tenha conselho de administração (e não quando tenha administrador único).

A delegação chega a surgir apresentada como algo que é visto como desejável pelo menos nas sociedades emitentes de acções admitidas à negociação em mercado regulamentado. Assim o parece assumir o *Código de Governo das Sociedades* da CMVM, na versão de 2010[4], que, no seu par. II.2.1., recomenda: «Dentro dos limites estabelecidos por lei para cada estrutura de administração e fiscalização, e salvo por força da reduzida dimensão da sociedade, o conselho de administração deve delegar a administração quotidiana da sociedade, devendo as competências delegadas ser identificadas no relatório anual sobre o Governo da Sociedade».

A este dever surge associada a necessidade de fazer incluir no conselho de administração membros não executivos em número que «garanta efectiva capacidade de supervisão, fiscalização e avaliação da actividade dos membros executivos» (par. II.1.2.2.). As vantagens da existência no conselho de administração de mais administradores para além dos executivos têm, aliás, vindo a ser afirmadas em vários textos bem conhecidos sobre governação das sociedades[5].

---

[4] Cfr. tb., p. ex., o *Livro Branco sobre* Corporate Governance *em Portugal* (2006), p. 143.

[5] Cfr. os Relatórios *Cadbury* (1992), par. 4.4, 4.5. e 4.6, 4.10-4.17, e *Hampel* (1998), p. 17 e 25 e ss., ambos disponíveis em http://www.ecgi.org; os *Principles of Corporate Governance*, do *American Law Institute* (1994); o Relatório *Winter* II, Relatório do grupo de alto nível de peritos em direito das sociedades intitulado «Um quadro regulamentar moderno para o direito das sociedades» (2002); o Relatório *Higgs* (2003), par. 6.1. e ss., disponível em http://www.ecgi.org; os Princípios da OCDE sobre o Governo das Sociedades (2004), VI, E, 1; a Recomendação da Comissão de 15 de Fevereiro de 2005 relativa ao papel dos administradores não executivos ou membros

2. A estrutura da administração das sociedades anónimas e a delegação da gestão corrente

Como se lê no n.º 1 do art. 278.º do CSC, a administração e a fiscalização das sociedades anónimas podem ser estruturadas de acordo com uma de três modalidades[6]: «*a*) Conselho de administração e conselho fiscal; *b*) Conselho de administração, compreendendo uma comissão de auditoria, e revisor oficial de contas; *c*) Conselho de administração executivo, conselho geral e de supervisão e revisor oficial de contas»[7].

Quando a sociedade adopte a modalidade prevista na al. *a*), o conselho de administração tem no mínimo dois administradores, não estando previsto no CSC um número máximo. Actualmente, não é necessário que o conselho de administração tenha um número ímpar de membros[8].

---

do conselho de supervisão de sociedades cotadas e aos comités do conselho de administração ou de supervisão (JOUE de 25/2/2005, L 52/51). Entre nós, merece especial destaque o *Código de Governo das Sociedades* da CMVM 2010 (Recomendações), II, 1.2.1.

[6] Que por sua vez tornam possíveis algumas subdivisões. Não se seguiu, assim, a regra do «tamanho único». Sobre a regra «one-size-fits-all» e os consequentes problemas de eficiência, GERARD HERTIG, «On-going Board Reforms: One-Size-Fits-All and Regulatory Capture», *Law Working Paper*, 25/2005, p. 8 e ss., in www.ecgi.org/wp.

[7] O conselho de administração ou o conselho de administração executivo podem ser substituídos por um administrador único se o capital social não exceder 200.000 Euros (n.º 2 do art. 390.º e n.º 2 do art. 424.º). As sociedades com administrador único não podem ter uma comissão de auditoria compreendida num conselho de administração, que obviamente não existe (cfr. o n.º 5 do art. 278.º). O art. 278.º do CSC admitia, antes das alterações introduzidas pelo DL n.º 76-A/2006, que para a estrutura da administração e fiscalização de sociedades fosse adoptada uma de duas modalidades: conselho de administração e conselho fiscal, ou direcção, conselho geral e revisor oficial de contas.

[8] Art. 395.º, 3, *a*).

Se a sociedade anónima tem conselho de administração com comissão de auditoria, não é claro se o número mínimo de membros do conselho é de quatro ou cinco (sendo certo que a comissão de auditoria deve pelo menos ter três membros[9]). A isto voltaremos. Mas também neste caso não contém a lei uma previsão quanto ao número máximo de membros.

Por sua vez, o conselho de administração executivo deve ter no mínimo dois membros. Isto, naturalmente, tendo em conta a remissão que se encontra no art. 427.º, 2.

Poderemos ter delegação de poderes de gestão corrente numa comissão executiva ou em administradores-delegados nos casos em que a sociedade anónima tem simplesmente conselho de administração[10]. Quanto a isso não há dúvidas. O número de membros do conselho de administração é que pode em concreto afastar a possibilidade de delegar numa comissão executiva.

Também não vemos que alguma coisa impeça a existência de delegação dos poderes de gestão corrente numa comissão executiva se a sociedade tiver conselho de administração com comissão de auditoria. Essa possibilidade é tornada óbvia pela al. *c*) do n.º 1 do art. 423-G do CSC. Aí se diz que «os membros da comissão de auditoria têm o dever de: c) Participar nas reuniões da comissão executiva onde se apreciem as contas do exercício». Daqui decorre que as sociedades com esta estrutura

---

[9] Art. 423.º-B, 2.
[10] Sobre a delegação no seio do conselho de administração, p. ex., ALEXANDRE SOVERAL MARTINS, *Os administradores-delegados nas sociedades anónimas*, Fora do Texto, Coimbra, 1998; *Os poderes de representação dos administradores de sociedades anónimas*, Coimbra Editora/Boletim da Faculdade de Direito, Coimbra, 1998, p. 342 e ss.; PEDRO MAIA, *Função e funcionamento do conselho de administração*, Coimbra Editora/Boletim da Faculdade de Direito, Coimbra, 2002, p. 247 e ss.; COUTINHO DE ABREU, *Governação das sociedades comerciais*, 2.ª ed., Almedina, Coimbra, 2010, p. 38 e ss., p. 97 e ss, e bibliografia aí citada.

podem ter comissão de auditoria e comissão executiva. E, se podem ter comissão executiva, por identidade de razão podem ter administradores-delegados. A referência à participação dos membros da comissão de auditoria em certas reuniões da comissão executiva apenas teve como intuito esclarecer esse aspecto, não o de retirar a possibilidade de a sociedade escolher ter administradores-delegados.

Pelo contrário, se a sociedade tiver conselho de administração executivo e conselho geral e de supervisão, o conselho de administração executivo não poderá delegar poderes de gestão numa comissão executiva ou em administradores-delegados[11].

Na redacção anterior do n.º 3 do art. 431.º do CSC, remetia-se, quanto à direcção, para os arts. 406.º a 409.º, incluindo, portanto, o art. 407.º (no qual se trata, precisamente, da delegação da gestão corrente).

Hoje, porém, o mesmo n.º 3 do art. 431.º apenas considera aplicáveis aos poderes dos membros do conselho de administração executivo os arts. 406.º, 408.º e 409.º. Já não há remissão para o art. 407.º. O que constitui forte indício de que a delegação em comissão executiva pelo conselho de administração executivo não é possível.

Tanto mais que o n.º 5 do art. 425.º também não permite que os administradores se façam representar no exercício do seu cargo e aquele preceito não faz qualquer ressalva quanto à possibilidade de delegação.

Para além disso, não teria sentido que o conselho de administração executivo, que já tem essa designação, delegasse numa comissão executiva.

---

[11] No mesmo sentido, CALVÃO DA SILVA, «"Corporate Governance" – Responsabilidade civil de administradores não executivos, da comissão de auditoria e do conselho geral e de supervisão», *RLJ*, 136.º, p. 47.

Pelas razões expostas, como o tema do nosso estudo é a delegação de poderes de gestão nas sociedades anónimas, compreende-se que dediquemos maior atenção às sociedades anónimas com conselho de administração (com ou sem comissão de auditoria).

3. «Delegação imprópria»

Distinta da delegação da gestão corrente é a chamada «delegação imprópria»[12]. Aqui, o conselho de administração encarrega algum ou alguns dos administradores de certas matérias de administração: ficam especialmente encarregados «de se ocuparem de certas matérias de administração».

Esse encargo, que o contrato de sociedade pode proibir, não conduz à modificação do regime de responsabilidade dos administradores que não receberam o encargo, pois constitui apenas uma repartição interna de tarefas no âmbito do conselho de administração[13].

Daí que não nos pareça possível afirmar que o administrador encarregado (chamemos-lhe assim) fique com «poderes indivi-

---

[12] Sobre esta, PEDRO MAIA, *Função e funcionamento do conselho de administração da sociedade anónima*, cit., p. 248 e ss.; COUTINHO DE ABREU, *Governação das sociedades comerciais*, cit., 2010, p. 104, nota 261, prefere falar de delegação «restrita», contraposta a delegação «propriamente dita». Referindo a utilização dos termos «delegações internas, atípicas ou não autorizadas», GIUSEPPE FERRI JR., «Le deleghe interne», in *Amministrazione e amministratori di società per azioni*, Giuffrè, Milano, 1995, p. 167.

[13] A redacção do art. 2392.º do *Codice Civile* italiano (a referência às «funzioni in concreto attribuite [...]») leva a maioria dos autores a defender que mesmo as delegações «não autorizadas» conduzem à alteração do regime de responsabilidade. Sobre a questão, FRANCESCO BARACHINI, *La gestione delegata nella società per azioni*, Giappichelli, Torino, 2008, p. 81 e s., nota 18, p. 197 e ss..

duais de decisão na matéria de administração em causa»[14]. Se os administradores encarregados são especialmente encarregados de certas matérias de administração, os restantes administradores permanecem encarregados das mesmas: geralmente encarregados. Não há, por isso, verdadeira delegação. E, se bem vemos a coisa, não há um poder de decisão do administrador encarregado quanto às matérias de administração de que vai especialmente ocupar-se[15].

Ocupar-se especialmente de algo não significa *decidir* sobre essa matéria. Julgamos ser assim porque o art. 407.º, 2, acrescenta que o encargo em causa «não exclui a competência normal dos outros administradores ou do conselho nem a responsabilidade daqueles, nos termos da lei». Ora, nos termos da lei, a competência *normal* do conselho é a que está prevista, desde logo, no art. 405.º (é ao conselho de administração – e não ao administrador encarregado – que compete «gerir as actividades da sociedade») e no art. 406.º (compete ao conselho «deliberar sobre qualquer assunto de administração da sociedade, nomeadamente [...]»).

E veja-se que no art. 407.º, 8, não surge dito que o conselho de administração conserva a sua competência normal: apenas se torna claro que o conselho mantém a competência «para tomar resoluções sobre os mesmos assuntos». Não é a competência «normal» porque, agora, é concorrente.

---

[14] Isabel Mousinho de Figueiredo, «O Administrador Delegado (A delegação de poderes de gestão no direito das sociedades)», *O Direito*, 137.º, 2005, p. 561.

[15] Em sentido diferente, para a Itália e quanto às delegações atípicas antes da reforma de 2003, Francesco Barachini, *La gestione delegata nella società per azioni*, cit., p. 26, aceitando que haveria uma derrogação à regra da acção colegial.

4. Procuradores e mandatários da sociedade

Também não se confunde com a delegação da gestão corrente a nomeação de procuradores ou mandatários da sociedade[16]. Esta nomeação está prevista no art. 391.º, 7. Não se pode atribuir a tais mandatários ou procuradores poderes gerais ou os mesmos poderes dos administradores. Seria uma forma de escapar às normas que regulam a designação de administradores e a publicidade de actos societários[17]. Com efeito, não parece que o órgão de administração da sociedade anónima possa transferir para outros órgãos, para terceiros ou para os seus empregados o seu poder de representação atribuído por lei, tendo em conta que nessa matéria a lei repartiu de forma imperativa as competências entre os órgãos[18].

---

[16] Sobre o tema, em geral, FRANCO BONELLI, *Gli amministratori di società per azioni*, Giuffrè, Milano, 1985, p. 28, em nota.

[17] GIANCARLO LAURINI, «Statuti di società e certezza dei poteri rappresentativi», *Riv. Soc.*, 26.º, 1981, p. 939.

[18] Para a Alemanha, cfr. HEFERMEHL, *Aktiengesetz Kommentar*, in Gessler/Hefermehl/Eckardt/Kropff, *Aktiengesetz. Kommentar*, Franz Vahlen, München, 1973/74, § 78, Rn. 13, p. 53; mas veja-se, quanto a uma *Generalvollmacht*, Rn. 84, p. 77. Para a Itália, admitindo uma «procura generale *ad negotia* a favore di un estraneo», PIETRO ABADESSA, *La gestione dell'impresa nella società per azioni. Profili organizativi*, Giuffrè, Milano, 1975, p. 9; GIAN FRANCO CAMPOBASSO, *Diritto commerciale. 2. Diritto delle società*, 2.ª ed., UTET, Torino, 1993, p. 342, nota 1, desde que a *procura* não seja abdicativa; por sua vez VINCENZO CALANDRA BUONAURA, «Potere di gestione e potere di rappresentanza degli amministratori», in *Trattato delle società per azioni*, dir. da G. E. Colombo/G. B. Portale, UTET, Torino, 1991, p. 127, aderindo à opinião de GIUSEPPE PORTALE, «Procura generale conferita a sindaco di società per azioni e rilsacio di cambiali ipotecarie di favore per altra società del gruppo (un caso clínico)», *BBTC*, 50.º, 1987, I, p. 340 e ss., admite aquela *procura* desde que o terceiro fique inserido na organização da empresa da sociedade, o que teria lugar quando se tratasse de um *institore* e de procuradores com os poderes que descreve; contra a admissibilidade de uma

Em relação ao disposto no art. 252.º, 6, do CSC, o Conselho Técnico da DGRN entendeu, no seu Parecer 22/89, de 17/5/1989[19], que «a estipulação de que a sociedade por quotas poderá constituir mandatários para a representar em todos os actos relacionados com o exercício da sua actividade é válida ou, pelo menos, não é nula» e que «o disposto naquele n.º 6 do artigo 252.º do CSC 'dispensa a disposição contratual para a sociedade poder constituir procuradores, por intermédio dos gerentes, para actos ou categoria de actos especificados na procuração' (cfr. Menéres Pimentel, CSC, pág. 222, nota 1). Não vem proibir que exista uma disposição contratual a autorizar que venham a constituir-se mandatários com poderes genéricos». E dizia ainda aquele Conselho Técnico: «trata-se, no fundo, de questões que, efectivamente, respeitam à esfera dos 'interesses privados' dos sócios ou da sociedade».

Mas não parece que seja assim. O próprio Conselho Técnico acaba por afirmar que «o ponto não é inteiramente líquido, podendo argumentar-se em contrário com a inderrogabilidade do princípio legal da competência exclusiva dos administradores no exercício da função administrativa – assim, precisamente, a jurisprudência prevalente na Itália: Trib. Milão, 20-7-81 e 17-6-82 (*Riv. Not.* 1982-5/919 e 1983/1-2/179 – ou com a

---

«procura generale *ad negotia*» a favor de terceiros, cfr. PAOLO GUIDA, «Sulla legittimità della nomina del procuratore generale della società di capitali» (anotação à decisão do Tribunal de Milão de 20 de Julho de 1981, *Riv. Not*, 36.º, 1982, II, p. 921 e ss.); ENZO ROSSI, *Amministratori di societá ed esercizio del potere, com particolare riferimento alle normative OPA e antitrust*, Giuffrè, Milano, 1989, p. 198 e ss., que justifica a sua posição com o princípio inderrogável do exercício de tarefas administrativas pelos administradores, com as causas de inelegibilidade, com as normas sobre a publicidade da designação e cessação de funções dos administradores e com a indissociabilidade entre poder representativo e poder deliberativo.

[19] *Rev. Not.*, 1990/1, p. 111 e ss..

natureza *intuitu personae* do cargo atribuído ao gerente ou administrador (P. Guida, *Sulla legittimità della nomina del procuratore generale della società di capitali*, na Riv. Not. 1982/5/921-5)».

Consideramos que não é de aceitar a interpretação segundo a qual o art. 391.º, 7, *só vem permitir que os administradores possam nomear* mandatários ou procuradores *sem necessidade de cláusula contratual expressa* nos casos ali previstos. O conselho de administração tem a seu cargo a gestão e representação da sociedade e é responsável por isso. A distribuição de competências entre os órgãos da sociedade anónima é em regra imperativa e o contrato de sociedade só a pode alterar se a lei o permitir. Cada accionista limita a sua responsabilidade ao valor das acções que subscreveu, pelo que os interesses de terceiros e, em especial, dos credores, exigem uma repartição legal das competências de tal forma que fique também clarificada a responsabilidade dos administradores.

Uma nota ainda sobre a necessidade de exercício pessoal das funções de administrador[20]. Essa necessidade pode ser retirada do art. 391.º, 6, preceito que não admite que um administrador se faça representar no exercício do seu cargo. Essa proibição abrange tanto a decisão individual, como a decisão tomada pelo conselho de administração.

E poderá um administrador ser designado procurador ou mandatário da sociedade? Pensamos que não[21]. Por um lado,

---

[20] A que LELIO BARBIERA, *Il corporate governance in Europa. Amministrazione e controlli nelle società per azioni in Italia, Francia, Germania e Regno Unito*, Giuffrè, Milano, 2000, p. 82, chama de princípio da «personalità».

[21] Com a mesma opinião para a Espanha, FERNANDO SANCHÉZ CALERO, *Administradores*, in *Comentarios a la Ley de Sociedades Anónimas*, t. IV, Editorial Revista de Derecho Privado/Editoriales de Derecho Reunidas, Madrid, 1994, p. 503 e s., argumentando com a confusão que a referida possibilidade originaria nas relações com terceiros; o autor mantém a sua opinião em FERNANDO SÁNCHEZ CALERO, *Los administradores en las sociedades de capital*, Thomson/Civitas, Cizur Menor, 2005, p. 582. Admitindo que o conselho

seria uma forma de escapar ao regime rigoroso consagrado nos n.ºs 1 e 2 do art. 409.º, gerando confusões e diminuindo a tutela de terceiros. Por outro, seria também uma forma de afastar o regime da responsabilidade dos administradores. Além disso, a celebração de um contrato de mandato entre o administrador e a sociedade não parece ser admitida pelo art. 398.º, 1.

5. O conselho de administração é o órgão competente para delegar (se o contrato de sociedade o autorizar)

De acordo com o n.º 3 do art. 407.º, o conselho de administração pode delegar a gestão corrente se for autorizado pelo contrato de sociedade, que autorizará a delegação num ou mais administradores ou numa comissão executiva. A autorização constante do contrato de sociedade especificará se autoriza a delegação num administrador-delegado, em mais do que um administrador-delegado ou numa comissão executiva.

É compreensível a exigência de autorização contida no contrato de sociedade para que a delegação da gestão corrente possa ter lugar. Desde logo porque essa delegação vai implicar uma alteração do regime a que ficam sujeitos os restantes administradores no que diz respeito à sua responsabilidade. Por outro lado, porque com a delegação há uma parte do poder na sociedade que fica concentrado nas mãos de um número menor de pessoas. O funcionamento colegial do conselho de administração deixará de abranger, em regra, as matérias delegadas.

---

de administração constitua um administrador como mandatário «desde que pela amplitude de poderes não sejam defraudadas as regras de delegação», Isabel Mousinho de Figueiredo, «O administrador-delegado (A delegação de poderes de gestão no direito das sociedades)», cit., p. 562. Contudo, a autora ilustra bem os perigos que resultam da solução que adopta quando tenta encontrar o regime da responsabilidade a aplicar em tais hipóteses.

A deliberação do conselho pela qual tem lugar a delegação deve ser tomada nos termos gerais definidos no art. 407.º, 7: por maioria dos votos dos administradores presentes ou representados e, quando o contrato de sociedade o permita, dos que votem por correspondência. E isto apesar de essa mesma deliberação ter consequências mesmo para os que, não sendo delegados ou membros da comissão executiva, votaram contra.

O texto da lei deixa alguns problemas delicados por resolver. Assim, não é claro que o *contrato de sociedade* possa *impor* a delegação ou que possa determinar *o que será delegável*.

Também é duvidoso que a *assembleia* possa *autorizar* ou *impor* a delegação ou *designar* os administradores-delegados ou os membros da comissão executiva. As dificuldades são evidenciadas com a leitura do art. 9.º, 3, pois daí se retira que os «preceitos dispositivos» do CSC «só podem ser derrogados pelo contrato de sociedade, a não ser que este expressamente admita a derrogação por deliberação dos sócios». Mas, como é óbvio, se o preceito é imperativo não pode ser derrogado pelo contrato de sociedade ou por deliberação dos sócios.

Os problemas que acabam de ser colocados obrigam antes de mais a uma leitura do n.º 3 do art. 407.º. Deste decorre que o contrato de sociedade autorizará a delegação num administrador-delegado, em mais do que um administrador-delegado ou numa comissão executiva. O contrato de sociedade não pode obrigar o conselho a delegar[22]. E também não pode determinar o conteúdo da delegação nem designar os administradores-delegados ou os membros da comissão executiva.

---

[22] Para a Itália, com a mesma solução já após a reforma de 2003, ALESSANDRA ZANARDO, *Delega di funzioni e diligenza degli amministratori nella società per azioni*, Cedam, Padova, p. 66. Distinguindo várias hipóteses e soluções, FRANCESCO BARACHINI, *La gestione delegata nella società per azioni*, cit., p. 91 e ss.

Deve igualmente ser lembrado o teor do art. 391.º, 6, CSC: «Não é permitido aos administradores fazerem-se representar no exercício do seu cargo, a não ser no caso previsto pelo artigo 410.º, n.º 5, e sem prejuízo da possibilidade de delegação de poderes nos casos previstos na lei». Sublinhe-se: «nos casos previstos na lei». Mais clara a lei não podia ser. Nos casos não previstos na lei, a delegação de poderes não é admissível. Querer fugir a isto é brincar com as palavras e dar protecção a interesses que a lei entendeu não serem merecedores de tutela.

Certamente que os sócios podem ter interesse noutra coisa diferente daquela prevista na lei[23]. No entanto, como se retira do art. 406.º, nas sociedades anónimas é ao conselho de administração que compete «deliberar sobre qualquer assunto de administração da sociedade». De tal modo que os accionistas só podem deliberar sobre matérias de gestão «a pedido do órgão de administração»: veja-se agora o n.º 3 do art. 373.º.

O próprio contrato de sociedade só pode subordinar o conselho de administração às deliberações dos accionistas nos casos em que esta deliberação possa ter lugar: isto é, e tratando-se de matérias de gestão, nos casos em que houve pedido do órgão de administração[24]. Ora, se é assim, não teria sentido que os sócios,

---

[23] Isabel Mousinho de Figueiredo, «O administrador-delegado (A delegação de poderes de gestão no direito das sociedades)», cit., p. 575.

[24] Já o defendemos em 1998, no nosso *Os poderes de representação dos administradores de sociedades anónimas,* cit., p. 195: «o contrato de sociedade só pode subordinar os poderes de gestão do conselho de administração a deliberações dos accionistas ou a intervenções do conselho fiscal dentro do quadro das competências que a lei reconhece àqueles e a este». Coutinho de Abreu, *Governação das sociedades comerciais,* 1.ª ed., Almedina, Coimbra, 2006, p. 51, nota 125, parece ir no mesmo sentido ao escrever: o art. 405.º, n.º 1, «diz sim que o estatuto pode determinar a vinculação do conselho de administração a deliberações dos sócios: quando estas sejam permitidas (questão prévia)».

através da redacção que dessem ao contrato de sociedade, pudessem obrigar o conselho a delegar, determinar o conteúdo da delegação ou designar os administradores-delegados ou os membros da comissão executiva.

A repartição de competências prevista na lei quanto aos órgãos de sociedades anónimas permite igualmente dizer que os delegados ou a comissão executiva não podem, por sua vez, delegar. Uma vez que a delegação da gestão corrente exige autorização do contrato de sociedade, não parece aceitável que os delegados subdeleguem (*delegatus delegare non potest*)[25]. Também se retira um argumento nesse sentido a partir da alteração do regime da responsabilidade que tem lugar com a delegação. A gestão corrente da sociedade cabe em primeira linha ao conselho de administração. O CSC permite que certos poderes de gestão conferidos ao conselho sejam delegados em órgãos: mas em órgãos legalmente previstos, que são facultativos[26]. A subdelegação levaria à criação de órgãos não previstos no CSC e que teriam competências atribuídas por lei ao conselho de administração. Não pode ser. A tudo isso acresce, mais uma vez, que a subdelegação não é um caso de delegação previsto na lei.

As razões expostas também nos levam a considerar que os accionistas não têm o poder de autorizar ou impor a delegação ou de procederem eles mesmos à designação dos administradores-delegados ou dos membros da comissão executiva[27]. Esse não é um caso de delegação previsto na lei. O poder de delegar

---

[25] Com outra opinião, ao menos em certos casos, ISABEL MOUSINHO DE FIGUEIREDO, «O administrador-delegado (A delegação de poderes de gestão no direito das sociedades)», cit., p. 580.

[26] Também FERNANDO SÁNCHEZ CALERO, *Los administradores en las sociedades de capital*, cit., p. 550, considera os administradores-delegados e a comissão executiva órgãos facultativos (subordinados).

[27] Defendendo que a «Assembleia Geral não pode decidir a delegação», ISABEL MOUSINHO DE FIGUEIREDO, «O administrador-delegado (A delega-

a gestão corrente é um poder do conselho de administração, conferido pelo contrato de sociedade. Os accionistas só podem autorizar a delegação através das cláusulas que introduzam no contrato de sociedade. Além disso, justifica-se que a delegação pertença ao conselho porque é a ele que pertencem os poderes delegados.

A posição defendida encontra ainda apoio no regime da responsabilidade dos membros do conselho de administração pela actuação dos administradores-delegados ou dos membros da comissão executiva. Se os restantes administradores podem ser responsabilizados nos termos do n.º 8 do art. 407.º pelos actos dos administradores-delegados ou dos membros da comissão executiva, deve ser o conselho a designar uns ou outros. Na medida em que a delegação implica, ela própria, uma alteração do regime da responsabilidade de cada um dos restantes administradores, deve entender-se que é ao conselho que cabe, em exclusivo, a decisão quanto à efectiva delegação autorizada pelo contrato de sociedade. E por isso faz sentido que ao conselho de administração caiba a decisão quanto aos poderes a delegar e quanto à escolha dos administradores-delegados e dos membros da comissão executiva.

Diga-se ainda que a solução que preferimos surge confortada com o facto de ser reconhecida uma competência concorrente ao conselho de administração e de surgir prevista na parte final do art. 407.º, 8, a possibilidade de o conselho de administração tomar as medidas adequadas perante actos ou omissões dos delegados ou da comissão executiva ou do propósito de os praticar[28].

ção de poderes de gestão no direito das sociedades)», cit., p. 575. Sobre o tema, para mais desenvolvimentos, ALEXANDRE SOVERAL MARTINS, *Os poderes de representação dos administradores de sociedades anónimas*, cit., p. 348 e ss..

[28] Com referência ao argumento, embora admitindo as cláusulas de delegação obrigatória simples, FRANCESCO BARACHINI, *La gestione delegata nella società per azioni*, cit., p. 95.

A tudo isto pode acrescentar-se que, nos casos em que a lei permite que o contrato de sociedade confira aos accionistas a possibilidade de intervir na organização interna do conselho, existe previsão expressa[29]. É assim no n.º 1 do art. 395.º, de acordo com o qual o contrato de sociedade «pode estabelecer que a assembleia geral que eleger o conselho de administração designe o respectivo presidente».

No que diz respeito às cláusulas do contrato de sociedade que, sem determinarem o que deve ser delegado, restringem as matérias delegáveis para além daquilo que a própria lei prevê, julgamos que as mesmas são lícitas. E isto por maioria de razão: se a lei permite que os sócios, através do contrato de sociedade, autorizem a delegação da gestão corrente, também lhes deve permitir que nesse contrato só autorizem a delegação de uma parte da gestão corrente. Veja-se que o conselho de administração só pode delegar a gestão corrente se o contrato de sociedade o autorizar.

E se o contrato de sociedade não autoriza o conselho de administração a delegar? Qual a sanção para a deliberação de delegação do conselho? Para Isabel Mousinho de Figueiredo a sanção é a da mera anulabilidade[30]. E, realmente, o n.º 3 do art. 411.º determina a anulabilidade das deliberações do conselho quando estas violem disposição da lei e ao caso não caiba a nulidade.

Não é fácil, realmente, defender a nulidade da deliberação do conselho de administração referida. Poderá dizer-se que, por

---

[29] Argumento semelhante pode ser encontrado em ANGELO PESCE, *Amministrazione e delega di potere amministrativo nella società per azioni (comitato esecutivo e amministratore delegato)*, Giuffrè, Milano, p. 165, para o direito italiano então em vigor.

[30] ISABEL MOUSINHO DE FIGUEIREDO, «O administrador-delegado (A delegação de poderes de gestão no direito das sociedades)», cit., p. 573.

não haver cláusula do contrato de sociedade a permitir a delegação, a deliberação de delegação incide sobre matéria não sujeita, por natureza, a deliberação do conselho. Na verdade, o art. 411.º, 1, *b*), sanciona com a nulidade as deliberações do conselho de administração «cujo conteúdo não esteja, por natureza, sujeito a deliberação do conselho de administração». Mas não distingue entre os casos em que a lei afasta de forma imperativa a possibilidade de o conselho deliberar sobre determinadas matérias e aqueles em que o faz supletivamente.

No entanto, o argumento mais forte no sentido da nulidade da deliberação que estamos a analisar retira-se do disposto no art. 391.º, 6. A lei, depois de proibir que os administradores se façam representar no exercício do seu cargo, admite a «possibilidade de delegação de poderes nos casos previstos na lei». E só nesses casos previstos na lei é que admite a delegação. Vale por dizer que nos restantes casos proíbe-a.

Ora, um dos casos não previstos na lei é precisamente aquele em que a deliberação de delegação não é autorizada no contrato de sociedade. Sem essa autorização, a deliberação do conselho de administração viola o art. 391.º, 6, e é nula (art. 411.º, 1, *c*)).

6. Sobre a coexistência de administradores-delegados e comissão executiva na mesma sociedade

O n.º 3 do art. 407.º deixa ainda a seguinte dúvida ao intérprete: será que o conselho de administração pode designar, para exercerem funções em simultâneo, um ou mais administradores-delegados e uma comissão executiva?[31]

---

[31] A favor, entre nós, Isabel Mousinho de Figueiredo, «O administrador-delegado (A delegação de poderes de gestão no direito das sociedades)»,

A letra do n.º 3 do art. 407.º parece conduzir no sentido de admitir apenas que o conselho de administração use uma das alternativas. A sociedade anónima terá um ou mais administradores-delegados ou uma comissão executiva. A escolha será feita tendo em conta que numa comissão executiva a ponderação dos assuntos sairá reforçada. Excluída ficará também a coexistência de várias comissões executivas, pois só é admitida a delegação numa comissão executiva[32].

---

cit., p. 565. Contra essa possibilidade, para o direito italiano então em vigor, ANGELO PESCE, *Amministrazione e delega di potere amministrativo nella società per azioni, (comitato esecutivo e amministratore delegato)*, cit., p. 185; a favor, também para a Itália, GIUSEPPE FANELLI, *La delega di potere amministrativo nella società per azioni*, Giuffrè, Milano, 1952, p. 8; ORESTE CAGNASSO, *Gli organi delegati nella società per azioni. Profili funcionali*, G. Giappichelli, Torino, 1976, p. 72 e s.; FRANCO BONELLI, *Gli amministratori di società per azioni,*, cit., p. 45 e s.; a favor na Espanha, FERNANDO RODRÍGUEZ ARTIGAS, *Consejeros delegados, comisiones ejecutivas y consejo de administración (La delegación en el órgano administrativo de la S. A.)*, Montecorvo, Madrid, 1971, p. 318; JUAN LUÍS IGLESIAS PRADA, *Administración y delegación de facultades en la sociedad anónima*, p. 149; GAUDENCIO ESTEBÁN VELASCO, «Modalidades de atribución y ejercicio del poder de representación», *Derecho mercantil de la Comunidad Económica Europea. Estudios en homenaje a José Girón Tena*, Civitas, Madrid, 1991, p. 320; EDUARDO POLO, *Los administradores y el consejo de administración en la sociedad anónima*, in R. URIA/A. MENENDEZ/M. OLIVENCIA (dir.), *Comentario al regímen legal de las sociedades mercantiles*, t. VI, Civitas, Madrid, 1992, p. 470; FERNANDO SÁNCHEZ CALERO, *Administradores*, cit., p. 479; FERNANDO SÁNCHEZ CALERO, *Los administradores en las sociedades de capital*, cit., p. 558.

[32] Com outra opinião, ISABEL MOUSINHO DE FIGUEIREDO, «O Administrador-Delegado (A delegação de poderes de gestão no direito das sociedades)», cit., p. 565. Para a Itália, aceitando a existência de mais do que um comité executivo, ISABELLA MAFFEZZONI, *Contributo allo studio del comitato esecutivo nelle società per azioni*, G. Giappichelli, Torino, 1998, p. 29 e s., admitindo ainda que uma mesma pessoa integre mais do que um comité.

Certamente que o elemento literal não é decisivo[33]. No entanto, o elemento sistemático da interpretação (os «lugares paralelos») apoia a leitura que preferimos e permite considerar que, ao regular a estrutura da sociedade anónima, a lei utiliza «ou» para significar que a sociedade deverá adoptar uma das alternativas indicadas. Ninguém se lembraria de defender, por exemplo, que a sociedade anónima poderia ter um fiscal único e um conselho fiscal (art. 413.º, 1, b)).

Um tipo societário caracteriza-se também pela estrutura organizatória. A segurança quanto a essa matéria é fundamental para os terceiros que se relacionam com a sociedade e aos quais interessa saber com clareza a quem se devem dirigir. Essa clarificação não é conseguida com uma leitura muito generosa da questão analisada: admitir a coexistência de administradores--delegados e comissão executiva tornaria a avaliação de terceiros mais complicada. A articulação entre administradores-delegados e comissão executiva pode fazer surgir muitas dificuldades, que a lei terá querido evitar em favor da certeza e segurança.

Por outro lado, aquela coexistência pode criar problemas no que diz respeito à representação da sociedade caso tenham sido conferidos poderes de representação aos administradores-delegados enquanto tais. Tornar-se-ia possível o surgimento de regimes mais confusos. Aliás, se fosse admitida aquela coexistência, teria de ser aceite a identidade de posição entre administradores--delegados e comissão executiva. Não parece possível uma qualquer subordinação dos primeiros em relação à segunda[34].

---

[33] ISABEL MOUSINHO DE FIGUEIREDO, «O Administrador-Delegado (A delegação de poderes de gestão no direito das sociedades)», cit., p. 565.

[34] Com diferente opinião, ISABEL MOUSINHO DE FIGUEIREDO, «O Administrador-Delegado (A delegação de poderes de gestão no direito das sociedades)», cit., p. 565, e, para a Espanha, FERNANDO RODRÍGUEZ ARTIGAS,

É certo que a sociedade poderia ter a ganhar com a possibilidade da coexistência entre administradores-delegados e comissão executiva, visto que a flexibilidade daí resultante permitiria que a sociedade anónima se adaptasse à evolução das circunstâncias. No entanto, consideramos que essas vantagens ficam submersas nas desvantagens assinaladas.

Nem se diga que, pelo facto de a lei admitir a existência de mais do que um administrador-delegado, também teria que admitir a coexistência de administrador-delegado e comissão executiva[35]. É que o argumento prova o contrário. Quanto aos administradores-delegados, a lei disse expressamente que permitia a coexistência de vários. Se nada disse quanto à coexistência de administradores-delegados e comissão executiva, é porque não a quis admitir. E, lembre-se outra vez, é nos casos previstos na lei que se admite a delegação (art. 391.º, 6).

7. O administrador-delegado e a comissão executiva são órgãos da sociedade

A delegação, para além de constituir um acto unilateral da sociedade contido na deliberação do conselho de administração, também constitui uma proposta dirigida a quem foi designado administrador-delegado ou membro da comissão executiva. E essa proposta deve ser aceite pelo administrador-delegado e pelos membros da comissão executiva.

Consejeros delegados, comisiones ejecutivas y consejo de administración (La delegación en el órgano administrativo de la S. A.), Montecorvo, Madrid, 1971, cit., p. 318, em nota.

[35] ISABEL MOUSINHO DE FIGUEIREDO, «O Administrador-Delegado (A delegação de poderes de gestão no direito das sociedades)», cit., p. 565.

Com a aceitação por parte do destinatário, forma-se um contrato[36] pelo qual a sociedade aceita que o regime de actuação do conselho de administração seja substituído por uma actuação individual ou por uma colegialidade mais reduzida[37]. A aceitação pode ter lugar na própria reunião do conselho que designa o administrador-delegado ou os membros da comissão executiva. Na medida em que se aceita que a delegação envolve um contrato entre a sociedade e o administrador, está feita a identificação dos pólos da relação em causa[38].

A celebração de um novo contrato entre a sociedade e os administradores-delegados ou membros da comissão executiva não exclui a possibilidade de se entender que aqueles actuam

---

[36] Falam de contrato (*sui generis*) de delegação GIANCARLO FRÈ, *L'organo amministrativo nelle società anonime*, Società Editrice del «Foro Italiano», Roma, 1938, p. 360; ID., *Società per azioni*, in ANTONIO SCIALOJA/GIUSEPPE BRANCA (a c. di), *Commentario del Codice Civile*, 5.ª ed., Società Editrice del «Foro Italiano»/Zanichelli, Bologna/Roma, 1982, p. 438; GUSTAVO MINERVINI, *Gli amministratori di società per azioni*, Giuffrè, Milano, 1956, p. 452; RODRIGUEZ ARTIGAS, *Consejeros delegados comisiones ejecutivas y consejo de administración (La delegación en el órgano administrativo de la S. A.)*, cit., p. 425; JOAQUÍN GARRIGUES/RODRIGO URIA, *Comentario a la Ley de Sociedades Anónimas*, t. II, 3.ª ed., revisada, corregida e puesta al dia por Aurelio Menendez y Manuel Olivencia, Madrid, 1976, p. 135.

[37] RODRIGUEZ ARTIGAS, *Consejeros delegados, comisiones ejecutivas y consejo de administración (La delegación en el órgano administrativo de la S. A.)*, cit., p. 293 e ss.. Mas há autores que entendem que a comissão executiva tem forçosamente um funcionamento colegial: cfr. PAOLO GRECO, *Le società nel sistema legislativo italiano*, G. Giappichelli, Torino, 1959, p. 301; NOBILI, «Riunioni e deliberazioni del comitato esecutivo», *Riv. Soc.*, 1960, p. 458.

[38] Nem todos os autores partilham deste ponto de vista. Para uma exposição de outras leituras (relação conselho de administração/administrado-delegado; mera autorização), ELISABETTA PEDERZINI, «Investitura rappresentativa dell'amministratore delegato di società e opponibilità delle relative limitazioni ai sensi dell'art. 2384/2, c.c.», *Giur. Comm.*, 17.°, 1990, I, p. 613, 647, nota 76.

enquanto titulares de um novo órgão, estabelecendo-se uma nova relação orgânica com a sociedade e inter-orgânica com o conselho de administração. Órgãos, na noção de Coutinho de Abreu, são «centros institucionalizados de poderes funcionais a exercer por pessoa ou pessoas com o objectivo de formar e/ou exprimir vontade juridicamente imputável às sociedades»[39].

Para sustentar que o administrador-delegado é um verdadeiro órgão, Fanelli[40] invoca a origem da delegação (a vontade dos sócios que conduziu à redacção do contrato de sociedade[41]);

---

[39] Cfr. COUTINHO DE ABREU, *Curso de direito comercial*, II, 3.ª ed., Almedina, Coimbra, 2009, p. 57.

[40] GIUSEPPE FANELLI, *La delega di potere amministrativo nella società per azioni*, cit., p. 21 ss.. Em Portugal, ALMEIDA LANGHANS, «Poderes de gerência nas sociedades comerciais», *ROA*, 11.º, I/II, p. 132, 136, 161, defendia que o administrador-delegado mais não era do que um mandatário, não tendo a natureza de órgão, opinião que já tinha sido defendida por CUNHA GONÇALVES, *Comentário ao Código Comercial Português*, I, Empresa Êditora José Bastos, Lisboa, 1916, p. 424. V. G. LOBO XAVIER, *Anulação de deliberação social e deliberações conexas*, Atlântica, Coimbra, 1975, p. 418, nota, considerava que seria absurda «a existência de dois conselhos de administração com funções idênticas – mas já não a presença de dois órgãos administrativos ou de gestão providos de competência diferenciada». Por sua vez, NOGUEIRA SERENS, *Notas sobre a sociedade anónima*, 2.ª ed., Universidade de Coimbra/Coimbra Editora, Coimbra, 1997, p. 78, entende que «quer a gestão corrente da sociedade [...] seja delegada a um ou mais administradores, quer o seja a uma comissão executiva [...] aparecer-nos-á *um novo órgão da sociedade*». Esta opinião é compartilhada por DUARTE RODRIGUES, *A administração de sociedades por quotas e anónimas. Organização e estatuto dos administradores*, Petrony, Lisboa, 1990, p. 89 e s.. COUTINHO DE ABREU, *Governação das sociedades*, 2.ª ed., cit., p. 100, considera que os administradores-delegados não são órgãos «*verdadeiramente autónomos*» e concorda com BRITO CORREIA, *Os administradores de sociedades anónimas*, Almedina, Coimbra, 1993, p. 277, na medida em que este autor entende estarmos perante «sub-órgãos».

[41] Da mesma forma, JUAN LUÍS IGLESIAS PRADA, *Administración y delegación de facultades en la sociedad anónima*, cit., p. 370.

o carácter permanente das funções atribuídas[42]; a exoneração de responsabilidade do delegante pela inobservância, pelo delegado, dos deveres inerentes à delegação[43]; a responsabilidade dos delegados, como tal, perante a sociedade; o facto de ser da mesma natureza a relação que liga o delegado e o administrador não delegado à sociedade anónima[44].

Os argumentos usados por Fanelli são úteis também entre nós. Como vimos, a delegação da gestão corrente da sociedade tem sempre origem na vontade dos sócios. A delegação referida só pode ter lugar se o contrato de sociedade a autorizar.

Além disso, a delegação a que o n.º 3 do art. 407.º se refere tem carácter permanente (não meramente ocasional). Mais: de acordo com o n.º 8 do art. 407.º, os administradores que não sejam delegados ou membros da comissão executiva só respondem «pela vigilância geral da actuação do administrador ou administradores-delegados ou da comissão executiva e, bem assim, pelos prejuízos causados por actos ou omissões destes, quando, tendo conhecimento de tais actos ou omissões ou do propósito de os praticar, não provoquem a intervenção do conselho para tomar as medidas adequadas».

---

[42] Com o mesmo argumento, JUAN LUÍS IGLESIAS PRADA, *Administración y delegación de facultades en la sociedad anónima*, cit., p. 372.

[43] Para ANGEL CRISTOBAL-MONTES, *La administracion delegada de la sociedad anónima*, Ediciones Universidad de Navarra, Pamplona, 1977, p. 154, a responsabilidade directa dos delegados perante a sociedade, exonerando os delegantes de responsabilidade pela violação pelos delegados dos seus deveres administrativos, é «ratificación decisiva de la posición orgânica de los sujetos investidos de la delegación».

[44] Na opinião de JUAN LUÍS IGLESIAS PRADA, *Administración y delegación...*, cit., p. 374, a própria necessidade de se ser administrador para se poder ser administrador-delegado é argumento no sentido da qualidade de órgão deste último.

É certo que do art. 405.º do CSC pode concluir-se que o conselho de administração tem competência para gerir as actividades da sociedade e é ele que tem exclusivos e plenos poderes de representação da sociedade. Além disso, no art. 278.º não surgem como órgãos de administração os administradores-delegados ou a comissão executiva.

Julgamos, porém, que dos preceitos referidos se retira a estrutura necessária quanto à administração da sociedade anónima, sem que se exclua a possibilidade de a lei permitir a criação de órgãos facultativos. O n.º 1 do art. 405.º deve pois ler-se como significando que a competência para gerir a sociedade cabe ao conselho de administração, a não ser que se faça uso da alternativa consagrada no n.º 3 do art. 407.º.

O que a lei faz no n.º 1 do art. 405.º é delimitar competências entre órgãos necessários da sociedade anónima. Dali, bem como do art. 278.º, não resulta que sejam inadmissíveis órgãos facultativos com criação aceite por lei. E não é por a sociedade anónima ter administradores-delegados ou comissão executiva que o conselho de administração deixa de ser órgão de administração, visto que a competência do órgão delegado é concorrente com a daquele (naturalmente, quanto às matérias objecto de delegação).

Por tudo o que se disse tem de concluir-se que o administrador «encarregado» de que tratam os n.ºs 1 e 2 do art. 407.º não é um órgão da sociedade. Em relação a esse administrador não se podem fazer todas as afirmações que acima foram reproduzidas para justificar a caracterização dos administradores-delegados e da comissão executiva como órgãos.

Em primeiro lugar, não há qualquer alteração quanto ao regime da responsabilidade dos restantes membros do conselho de administração quando o encargo tem lugar.

Em segundo lugar, o encargo pode ocorrer sem que o contrato de sociedade contenha uma autorização nesse sentido. Na realidade, o que acima de tudo se pretendeu com o n.º 1 do art. 407.º foi afirmar que as repartições internas de matérias entre os membros do conselho de administração são possíveis mesmo sem autorização do contrato de sociedade.

Ao mesmo tempo, qualquer alteração ao nível da responsabilidade dos restantes membros do conselho só será possível se o contrato de sociedade autoriza a delegação da gestão corrente[45].

8. A competência do conselho de administração

O conselho de administração tem a seu cargo a administração da sociedade. Por administração em sentido lato entendemos a gestão e a representação da sociedade: cfr. o art. 405.º do CSC. Essa competência, sublinhe-se, surge atribuída ao conselho de administração e não aos administradores individualmente considerados.

Quanto aos poderes de gestão referidos, pode verificar-se, pela leitura do art. 406.º do CSC, que são muito vastos. O corpo do preceito tem a seguinte redacção: «Compete ao conselho de administração deliberar sobre qualquer assunto de administração da sociedade, nomeadamente sobre: [...]».

Do art. 406.º retira-se que o conselho de administração tem competência para deliberar sobre as matérias que cabem nos seus poderes de gestão. E as deliberações tomadas em reunião devem respeitar o disposto no art. 410.º.

Em matérias de gestão, os accionistas só podem deliberar *a pedido do órgão de administração*. É o que resulta do n.º 3 do art. 373.º. Se os accionistas deliberarem sobre essas matérias sem que o órgão de administração tenha solicitado que o fizessem, a deli-

---

[45] Cfr., sobre o tema, para a Itália, ALESSANDRO BORGIOLI, *L'amministrazione delegata*, Nardini Editore, Firenze, 1986, p. 96-97.

beração tomada é nula, pois o seu conteúdo, sem aquele pedido, não está, por natureza, sujeito a deliberação dos sócios[46].
Temos assim que:

a) O conselho de administração é o órgão que tem competência para deliberar sobre matérias de gestão;
b) A competência para deliberar sobre matérias de gestão surge atribuída ao órgão conselho de administração e não aos administradores individualmente considerados;
c) O conselho de administração reúne e delibera sobre matérias de gestão nos termos do art. 410.º.

No que diz respeito ao exercício dos poderes de representação, o que se retira do n.º 1 do art. 408.º do CSC é que esse exercício é *conjunto* e que a sociedade ficará vinculada pelos negócios celebrados pela *maioria* dos membros do conselho de administração ou por número menor fixado no contrato de sociedade.

Se tem lugar a delegação num ou mais administradores-delegados ou numa comissão executiva, os restantes membros do conselho deixam em regra de ter o dever de deliberar em conselho sobre as matérias delegadas. Deixam de ter o dever, mas mantêm o poder. Com efeito, resulta da parte inicial do n.º 8 do art. 407.º que o conselho de administração tem uma competência concorrente para deliberar sobre as matérias objecto da delegação. E, como se lê na parte final do preceito agora refe-

---

[46] Trata-se de problema discutido pela doutrina. Sobre o tema, com diferentes opiniões apesar do âmbito de aplicação do § 119 (2) da *AktG*, cfr. ALEXANDRE SOVERAL MARTINS, *Os poderes de representação dos administradores de sociedades anónimas*, cit., p. 203-206, CASSIANO DOS SANTOS, *Estrutura associativa e participação societária capitalística*, Almedina, Coimbra, 2002, p. 375 e ss., COUTINHO DE ABREU, *Governação das sociedades comerciais*, 2.ª ed., cit., p. 49 e ss..

rido, a intervenção do conselho pode vir a ser provocada por algum administrador. Quanto às matérias delegadas, quem passa a ter o dever de decidir e de agir é o administrador que recebeu e aceitou a delegação.

9. Matérias delegáveis e indelegáveis

9.1. *Delegação da gestão corrente*

De acordo com o disposto no n.º 3 do art. 407.º, o contrato de sociedade pode autorizar o conselho de administração a delegar a *gestão corrente* da sociedade. Não surge dito na lei o que seja essa gestão corrente[47].

A extensão dessa delegação de poderes nos administradores-delegados ou na comissão executiva não ficou sujeita aos limites impostos à delegação de poderes em *gerentes* de sociedades por quotas. Com efeito, nos termos do n.º 2 do art. 261.º, a delegação só pode ter lugar *para determinados negócios ou espécie de negócio*.

A gestão corrente não pode ser limitada apenas ao que é corriqueiro. Desde logo, tendo em conta aquilo que a lei considera delegável e indelegável. Se a lei considera que são delegáveis matérias importantes, isso significará que a gestão corrente pode dizer respeito, pelo menos, à *execução* de deliberações tomadas no conselho de administração sobre essas matérias.

---

[47] Para Coutinho de Abreu, a gestão corrente coincide com a gestão «técnico-operativa quotidiana da sociedade»: COUTINHO DE ABREU, «*Corporate governance* em Portugal», Miscelâneas 6, IDET/Almedina, Coimbra, 2010, p. 7-47; ID., *Governação das sociedades comerciais*, 2.ª ed., cit., p. 40 (aqui refere-se aos actos materiais ou jurídicos «técnico-operativos quotidianos»).

Na gestão corrente não deve caber a chamada «alta administração», entendida esta como a realização de escolhas estratégicas para a sociedade e a definição dos seus objectivos gerais[48]. Mas já caberá, parece-nos, a execução das decisões tomadas sobre essas matérias.

9.2. A fixação dos limites da delegação e as matérias indelegáveis

No n.º 4 do art. 407.º pode ler-se que «a deliberação do conselho deve fixar os limites da delegação, na qual não podem ser incluídas as matérias previstas nas alíneas *a)* a *d)*, *f)*, *l)* e *m)* do artigo 406.º [...]»[49].

O n.º 4 do art. 407.º permite concluir que a deliberação do conselho de administração não pode ter lugar em termos gerais. Deve desde logo *fixar os limites* da delegação[50]. Quando a deli-

---

[48] FRANCESCO BARACHINI, *La gestione delegata nella società per azioni*, cit., p. 210.

[49] O *Código de Governo das Sociedades* da CMVM (versão de 2010) contém no seu par. II.2.2., e para as sociedades a que se dirige, uma recomendação segundo a qual o conselho de administração não deve delegar a competência, «designadamente, no que respeita a: *i)* definir a estratégia e as políticas gerais da sociedade; *ii)* definir a estrutura empresarial do grupo; *iii)* decisões que devam ser consideradas estratégicas devido ao seu montante, risco ou às suas características especiais». Atendendo a que a delegação só pode dizer respeito à *gestão corrente* da sociedade, não vemos como é que tais matérias poderiam ser delegadas.

[50] Não se pode por isso concordar com ISABEL MOUSINHO DE FIGUEIREDO, «O Administrador-Delegado (A delegação de poderes de gestão no direito das sociedades)», cit., p. 566, na parte em que afirma que «cada administrador-delegado apenas poderá receber a incumbência de *toda* a gestão corrente» (itálico no original). A autora, a p. 574, nota 60, afirma que, no meu *Os administradores-delegados das sociedades anónimas*, parecia estar

beração de delegação não fixa os limites da delegação, não é claro quem fica com o dever de fazer o quê[51].

Os limites fixados na deliberação do conselho podem ser diferentes para cada administrador-delegado. Nada na lei nos permite dizer o contrário e não teria sentido afastar aquela possibilidade, que em nada prejudica a sociedade ou os terceiros. Pelo contrário, a atribuição de diferentes matérias a cada delegado permite uma divisão de tarefas de acordo com as competências e vocações respectivas[52].

Para além disso, também se retira da lei que *não podem ser incluídas na delegação* as seguintes matérias: escolha do presidente do conselho de administração; cooptação de administradores; pedido de convocação de assembleias gerais; relatórios e contas anuais; prestação de cauções e garantias pessoais ou reais pela sociedade; mudança de sede; aumentos de capital; projectos de fusão, cisão e transformação da sociedade. Se o conselho de administração delibera conferir poderes aos administradores--delegados ou à comissão executiva quanto às matérias mencionadas, tal deliberação será nula, pois o n.º 4 do art. 407.º tem aí natureza imperativa.

Porém, a lei não exclui a possibilidade de delegação quanto às matérias indicadas nas als. *e)*, *g) h)*, *i)*, *j)* e *n)* do art. 406.º. Mas se lermos o que aí se encontra, verificamos que parece

---

defendido, a p. 25, que poderia ter lugar a delegação sem limites. Mas não foi assim, como conclui quem leia as p. 21-24 da referida obra. O que ali se dizia, isso sim, era isto: *mesmo aqueles* que aceitam que uma deliberação de delegação sem limites deve ser vista como abrangendo todos os poderes delegáveis têm que excluir uma delegação de poderes de representação.

[51] Com argumento semelhante, FRANCESCO BARACHINI, *La gestione delegata nella società per azioni*, cit., p. 127.

[52] Com outra opinião, ISABEL MOUSINHO DE FIGUEIREDO, «O Administrador-Delegado (A delegação de poderes de gestão no direito das sociedades)», cit., p. 566.

muito estranha a possibilidade de delegação quanto a essas matérias.

Como é que uma deliberação que incide sobre «Extensões ou reduções importantes da actividade da sociedade» (al. *h*)) é uma deliberação de gestão corrente? E a que decide «Modificações importantes na organização da empresa» (al. *i*))? Ou, ainda, a que determina o «Estabelecimento ou cessação de cooperação duradoura e importante com outras empresas»?

Coutinho de Abreu[53] defendeu a necessidade de uma outra leitura do disposto no art. 407.º, 4. Para aquele Professor, e por *interpretação extensiva*, devem ser excluídas da possibilidade de delegação «também as matérias indicadas nas als. *e*) e *g*) a *j*)» do art. 406.º. Lembra Coutinho de Abreu que as als. *g*), *h*), *i*) e *j*) foram introduzidas no art. 406.º do CSC por influência da Proposta modificada de 5.ª Directiva. Mas nessa Proposta aquelas que hoje estão previstas nas als. *g*), *h*), *i*) e *j*) eram, precisamente, matérias que *não podiam ser delegadas*. Quanto às matérias contidas na al. *e*) do art. 406.º, também estava previsto no Projecto do Código das Sociedades que não poderiam ser objecto de delegação (n.º 6 do art. 392.º do Projecto).

Pela nossa parte, entendemos que deve em primeiro lugar ser chamada a atenção para o facto de, no n.º 4 do art. 407.º, apenas surgir dito que não podem ser delegadas as matérias constantes de certas alíneas do art. 406.º. Não se lê ali, com efeito, que tudo o que se acha previsto nas restantes alíneas é matéria delegável. Nessas outras alíneas, *só será possível a delegação se estiver em causa a gestão corrente* da sociedade (art. 407.º, n.º 3). E, mesmo assim, a delegação do conselho deve fixar os *limites* da delegação.

---

[53] COUTINHO DE ABREU, *Governação das sociedades comerciais*, 2.ª ed., cit., p. 40-41.

Assim, não será gestão corrente a *tomada de decisão* sobre o próprio estabelecimento ou cessação de cooperação duradoura e importante com outras empresas (al. *j*)). Mas não nos custa a aceitar que seja gestão corrente a simples *execução* prática da decisão tomada pelo conselho de administração relativamente ao estabelecimento dessa cooperação. Nesse caso, extraordinária foi a própria deliberação do conselho de administração. A delegação dessa execução prática da deliberação, sendo possível, deverá fixar os limites da delegação.

O mesmo vale, na nossa opinião, para as «Extensões ou reduções importantes da actividade da sociedade» (al. *h*)) e para as «Modificações importantes na organização da empresa» (al. *i*)).

Não vemos assim razões para excluir a possibilidade de se falar de *gestão corrente de uma deliberação de carácter extraordinário*[54]. Será gestão corrente de uma deliberação de carácter extraordinário toda aquela que não envolva a tomada de decisões de carácter extraordinário.

Já nos parece que na vida das sociedades comerciais a decisão de adquirir, alienar e onerar imóveis (al. *e*)) ou de abrir ou encerrar estabelecimentos ou suas partes importantes (al. *g*)) não reveste, só por si, carácter extraordinário. O que se podia ler na Proposta de 5.ª Directiva ou no Projecto do Código das Sociedades vale o que vale: sempre se pode dizer que, como não foi reproduzida a redacção que ali surgia, é porque a lei não quis acolher a mesma solução.

---

[54] COUTINHO DE ABREU, *Governação das sociedades comerciais*, 2.ª ed., cit., p. 40, também considera que os «actos (materiais ou jurídicos) de execução ou desenvolvimento» do que chama «"alta direcção"» tanto podem ter «carácter *extraordinário*» como ser de «*"gestão corrente"*».

9.3. *O contrato de sociedade pode fixar limites à delegação?*

Vimos já que o conselho de administração é que tem competência para delegar: o contrato de sociedade não pode impor a delegação. Também vimos que a lei identifica limites às matérias que podem ser objecto da delegação. O que nos interessa agora saber é outra coisa: trata-se de indagar se no contrato de sociedade pode ficar estabelecido que o conselho de administração não pode delegar certas matérias que, à partida, seriam delegáveis.

Não vemos razões de fundo que o impeçam. Se o contrato de sociedade não autoriza a delegação, esta não é lícita. E se a delegação da gestão corrente pode ser impedida através da ausência de autorização no contrato de sociedade, parece possível autorizar essa delegação apenas com certo alcance. A lei não permite dizer que a única solução admitida é a do «tudo ou nada».

9.4. *Os poderes de representação podem ser delegados?*

O teor do n.º 2 do art. 408.º deixa afirmar que nas sociedades anónimas com conselho de administração só é possível que os administradores-delegados, enquanto tais, tenham poderes de representação se o contrato de sociedade assim o dispuser. Quando o contrato de sociedade inclua uma cláusula com esse conteúdo, não é o conselho de administração que delega os seus poderes de representação. E quando a referida cláusula não exista o conselho de administração não pode delegar os poderes de representação. Se existe a referida cláusula, uma deliberação do conselho de administração a delegar os poderes de representação nada acrescenta ao que já resulta do contrato de sociedade: os administradores-delegados já tinham aqueles poderes.

Como é o contrato de sociedade que pode dispor que a sociedade fique vinculada pelos actos de um ou mais administradores-delegados, actuando como tais, não é aceitável que a própria comissão executiva escolha do seu seio quem, enquanto administrador-delegado, representará a sociedade nas relações com terceiros.

Os administradores-delegados que tenham poderes para vincular a sociedade enquanto tais, nos termos do n.º 2 do art. 408.º, podem nomear procuradores ou mandatários da sociedade. Nesse caso eles são também administradores que representam a sociedade, de acordo com o n.º 7 do art. 391.º.

9.5. A delegação de matérias indelegáveis

Se o conselho de administração inclui na delegação «as matérias previstas nas alíneas a) a d), f), l) e m) do artigo 406.º», a deliberação de delegação será nula[55]. O seu conteúdo viola norma de carácter imperativo: art. 411.º, 1, c).

Como podemos saber se uma norma legal do CSC é ou não imperativa? Muitas vezes o próprio texto da norma «contém indicações de que o legislador quis (ou não quis) vedar absolutamente a derrogação da disciplina»[56]. Quando não for possível uma conclusão clara a partir do texto da norma, será necessário atender aos interesses que a mesma visa tutelar. Assim, aceitam-se como imperativas as normas que se destinam a tutelar o interesse público em sentido estrito, os interesses de terceiros,

---

[55] Defendendo antes a anulabilidade, ISABEL MOUSINHO DE FIGUEIREDO, «O administrador-delegado (A delegação de poderes de gestão no direito das sociedades)», cit., p. 570.

[56] LOBO XAVIER, «Invalidade e ineficácia das deliberações sociais no Projecto de Código das Sociedades», *RLJ*, 118.º, p. 75.

interesses indisponíveis dos sócios ou interesses dos futuros sócios[57]. Ora, a imperatividade do n.º 4 do art. 407.º resulta, quanto a este ponto, da sua própria letra: na delegação «não podem ser incluídas» as matérias referidas.

E se a deliberação de delegação abrange matérias que, não sendo as constantes das als. *a)* a *d)*, *f)*, *l)* e *m)* do art. 406.º, ainda assim são matérias que não podem ser consideradas de gestão corrente?

O art. 407.º, 3, permite que o contrato de sociedade autorize o conselho de administração a delegar a gestão corrente. E só permite isso. Em apoio do que acabámos de dizer podemos invocar, mais uma vez, o art. 391.º, 6: a delegação pode ter lugar nos casos previstos na lei. Por isso, a resposta adequada parece ser a de que deve ser considerada nula a deliberação em causa.

E se a deliberação de delegação apenas viola limites contidos nos estatutos? Tal deliberação será anulável, por força do disposto no art. 411.º, 3.

Uma coisa também parece certa: a violação de limites legais ou estatutários pode constituir fundamento para a destituição dos administradores que tomaram a deliberação[58].

---

[57] LOBO XAVIER, *Anulação de deliberação social e deliberações conexas*, cit., p. 135 e ss., 159 e s., 222 e s.; ID., «Invalidade e ineficácia das deliberações sociais no Projecto de Código das Sociedades», cit., p. 75.

[58] Sobre o tema, FRANCESCO BARACHINI, *La gestione delegata nella società per azioni*, cit., p. 131, nota 98.

CAPÍTULO II
A COMISSÃO EXECUTIVA

1. A composição da comissão executiva: número de membros

Na redacção do n.º 3 do art. 407.º anterior às alterações de 2006, a comissão executiva deveria ter número ímpar de membros. Agora, essa exigência já não consta da lei. O que se verifica é que no n.º 7 do art. 407.º há uma remissão para o n.º 3 do art. 395.º quanto ao voto de qualidade do presidente da comissão executiva. E na al. *a*) do n.º 3 do art. 395.º faz-se precisamente menção aos casos em que o órgão tem número par de membros[59].

Assume-se, assim, com a remissão referida, que a comissão executiva pode também ter número par de membros. Por outro lado, e como nada se diz em contrário, a comissão executiva pode ter, como número mínimo, apenas dois membros.

2. A existência de comissão executiva e o número de membros do conselho de administração

Se a comissão executiva deve ter um mínimo de dois membros, então, para que ela exista, o conselho de administração

---

[59] Sobre a razão de ser da admissibilidade de número par de membros do conselho de administração, cfr. PAULO CÂMARA, «O governo das sociedades e a Reforma do Código das Sociedades Comerciais», AAVV, *Código das Sociedades Comerciais e governo das sociedades*, Almedina, Coimbra, 2008, p. 22.

deve ter um mínimo de três membros. Isto se o conselho de administração não tiver comissão de auditoria. O regime da delegação numa comissão executiva claramente pressupõe que exista pelo menos mais um administrador para além daqueles que integram a comissão executiva.

Se, porém, a sociedade anónima tiver um conselho de administração com uma comissão de auditoria, as coisas mudam de figura. Vamos supor que a comissão de auditoria tem três membros, que é o número mínimo legalmente previsto[60]. Para que esse conselho de administração possa ter uma comissão executiva e uma comissão de auditoria, terá de ser composto por quantos membros?

À primeira vista, parece que deveria ter, pelo menos, cinco membros. Três integrariam a comissão de auditoria, e esses não poderão exercer funções executivas; os outros dois seriam designados para a comissão executiva, que, como vimos, tem pelo menos dois membros.

No entanto, o conselho de administração deve ter um presidente. E a comissão executiva também deve ter um presidente. É isso que se pode retirar dos arts. 395.º e 407.º, n.º 5.

Quando o presidente do conselho de administração não seja também o presidente da comissão executiva, o conselho de administração com comissão de auditoria e com comissão executiva poderá, pelo menos, ter seis membros. Três integram a comissão de auditoria; dois integram a comissão executiva, sendo um deles o presidente da comissão executiva; o sexto é presidente do conselho de administração.

Diga-se, em abono da verdade, que não tem muito sentido que o presidente do *conselho de administração* seja também apenas membro da *comissão de auditoria* ou da *comissão executiva*, encon-

---

[60] Cfr. o n.º 2 do art. 423.º-B do CSC.

trando aí como presidentes de cada uma dessas comissões outros administradores[61].

E também não será melhor que o presidente do *conselho de administração* seja simultaneamente presidente da *comissão executiva*[62]. Isto porque da al. *b)* do n.º 6 do art. 407.º se retira que *o presidente da comissão executiva* deve assegurar o cumprimento «dos deveres de colaboração perante o presidente do conselho de administração». Parece estar, assim, *pressuposto que um e outro não serão a mesma pessoa*. No entanto, a prática tem-se encarregado de demonstrar que as dúvidas agora expostas não impedem que as sociedades escolham a mesma pessoa como presidente de ambos os órgãos. Com efeito, sempre se pode argumentar que aquele dever de colaboração só existe *quando não se trata da mesma pessoa*.

---

[61] Veja-se, no entanto, que o par. II.2.3. do *Código de Governo das Sociedades* da CMVM prevê a hipótese de o presidente do conselho de administração da sociedade exercer funções executivas.

[62] Em vários textos é sustentado que a concentração é indesejável: cfr., quanto à reunião na mesma pessoa dos cargos de *Chairman* e *CEO*, o Relatório *Cadbury*, par. 4.9., e o Relatório *Higgs*, par. 5.3., 5.5. e 5.7. A acumulação do cargo de presidente do conselho e de administrador-delegado também não é considerada desejável no *The Combined Code on Corporate Governance*, section 1, A.2.1. e A.2.2., bem como o *The UK Corporate Governance Code*, section A.2.1. Cfr. porém, com maior flexibilidade, o Relatório *Hampel*, p. 28. MENEZES CORDEIRO, «Artigo 407.º», in MENEZES CORDEIRO (coord.), *Código das Sociedades Comerciais Anotado*, cit., p. 992, depois de considerar que «a articulação entre a CE e o CA constitui um ponto delicado da *corporate governance*», também acrescenta que «a questão pode ser facilitada designando-se, como PCE, o próprio PCA. Quando isso não suceda, dependendo das personalidades envolvidas, pode haver um dualismo de lideranças, desfavorável para a SA». Sobre o tema, com cautelas, PAULO CÂMARA, «O governo das sociedades e a Reforma do Código das Sociedades Comerciais», cit., p. 23. A escolha será por vezes certamente difícil: *Führerprinzip* ou divisão de poderes?

E, em boa verdade, não é dito expressamente na lei que o presidente da *comissão executiva* não pode ser presidente do *conselho de administração* ou que o presidente do *conselho de administração* não pode ser membro da *comissão executiva*.

Não se diz sequer expressamente no CSC que o presidente da *comissão de auditoria* não pode ser presidente do *conselho de administração*, embora pareça estar subentendido que pelo menos não deve. O n.º 2 do art. 423.º-G manda aplicar o art. 420.º-A, deste se retirando que *o presidente da comissão de auditoria tem o dever de comunicar certos factos ao presidente do conselho de administração*. Também aqui se poderá argumentar, é certo, que esse dever de comunicar só existe quando um e outro não sejam a mesma pessoa.

Mesmo a hipótese atrás apresentada de um conselho de administração com seis membros, com três deles integrando a comissão de auditoria, obriga a algumas reflexões. É que a delegação terá de ser deliberada pelo conselho de administração. Os membros da comissão de auditoria não podem exercer funções executivas mas podem participar, parece, na deliberação de delegação. Isso não constituirá, na nossa opinião, o exercício de funções executivas.

Se o conselho de administração tem um total de seis membros, seriam sempre necessários quatro para formar a maioria. No entanto, o n.º 8 do art. 408.º do CSC dispõe que, em caso de delegação, o conselho de administração mantém uma competência concorrente para deliberar sobre as matérias objecto da delegação. E na hipótese que apresentámos é duvidoso que isso possa acontecer. Isto porque a deliberação sobre tais matérias de gestão corrente por parte do conselho teria de ser tomada por maioria dos votos. Mas os membros da comissão de auditoria não poderiam deliberar porque se trataria de exercer funções executivas.

Tudo isto deve ser acautelado na redacção do contrato de sociedade: tudo isto deve ser acautelado na fixação do número de membros da comissão de auditoria e na fixação do número de membros do conselho no seu conjunto.

3. Designação dos membros da comissão executiva

Os membros da comissão executiva são designados pelo conselho de administração, que delibera estando presente ou representada a maioria dos seus membros. O próprio art. 407.º, 4, determina que a deliberação do conselho que cria a comissão «deve estabelecer a composição e o modo de funcionamento» da mesma. As deliberações são tomadas por maioria dos votos dos administradores presentes ou representados e dos que votem por correspondência (neste caso, se o contrato de sociedade o permitir).

Se o contrato de sociedade contém autorização para delegar, o conselho de administração decide se e quando delega. Mas também decide se e quando deve ser posto um fim a essa delegação[63]. Isto, sem prejuízo de eventuais direitos de indemnização[64].

---

[63] No sentido de que uma cláusula do contrato de sociedade não pode impedir que o conselho de administração ponha fim à delegação, pois tal cláusula seria contrária ao princípio geral da correcta administração, cfr. a decisão do Tribunal de Verona de 14/02/1989, *Le Società*, 1989, p. 954.

[64] Embora tais direitos dos membros da comissão executiva sejam discutíveis. Poderia dizer-se que o conselho de administração tem liberdade para se organizar. Tanto mais que a relação estabelecida através da delegação se funda na confiança depositada. Considerando que estamos perante um «atto di organizzazione insindacabile», ANGELO PESCE, *Amministrazione e delega di potere amministrativo nella società per azione*, cit., p. 118.

4. O presidente da comissão executiva: dever de designação

Como vimos, não é o contrato de sociedade que contém a delegação da gestão corrente. O contrato de sociedade apenas autoriza a delegação num ou mais administradores-delegados ou numa comissão executiva. Depois, o conselho de administração é que delega a gestão corrente numa comissão executiva e, ao fazê-lo, cria essa comissão. É, aliás, isso que resulta do n.º 4 do art. 407.º.

Com as alterações introduzidas pelo DL 76-A/2006, tornou-se legalmente necessária a designação de um presidente da comissão executiva. Essa designação, que o n.º 5 do art. 407.º considera um dever, pode ser feita pelo conselho de administração ou pelos próprios membros da comissão.

5. O presidente da comissão executiva (cont): substituição

Nada se diz na lei acerca da substituição do presidente da comissão executiva. Mas parece adequado aplicar, por analogia, o disposto no n.º 2 do art. 395.º: pelo menos nos casos em que foi o *conselho de administração* a designar aquele presidente da comissão executiva pode também o conselho de administração substituí-lo. Em qualquer tempo, diz a lei.

Porém, logo surgem dúvidas relativamente aos casos em que foi a *comissão executiva* que designou o seu presidente. Pode ela própria substituí-lo? Não vemos razões para afastar essa possibilidade, uma vez que foi a comissão que o designou. A confiança que está na base da designação deve permitir essa substituição. E pode aquela substituição ser decidida pelo conselho de administração? Pensamos também que sim. Embora não tenha sido o conselho a designar, nesta hipótese, o presidente da comissão, a verdade é que o conselho pode fazer cessar a delegação. Quem pode o mais, pode o menos.

6. O presidente da comissão executiva (cont): especiais deveres

O legislador preocupou-se em enunciar no n.º 6 do art. 407.º alguns deveres do presidente da comissão executiva que assumem particular interesse.

Sobre o presidente da comissão executiva recai, antes de mais, o dever de «assegurar que seja prestada toda a informação aos demais membros do conselho de administração relativamente à actividade e às deliberações da comissão executiva». Deste modo se procura garantir que os restantes administradores possam acompanhar e controlar a gestão levada a cabo pelos membros da comissão executiva. O que está em causa é a circulação da informação, tema central do governo das sociedades[65].

Não é necessariamente o presidente da comissão executiva que tem que prestar a informação[66]. Mas tem que se assegurar

---

[65] Cfr., sobre isto, VELASCO SAN PEDRO, «La información en el consejo de administración: derechos y deberes del consejo y de los consejeros», in *El gobierno de las sociedades cotizadas*, (coord. de Gaudencio Esteban Velasco), Marcial Pons, Madrid, 1999, p. 375 e ss..

[66] O *Código de Governo das Sociedades* da CMVM, prevê, no seu par. II.3.1., que «os administradores que exerçam funções executivas, quando solicitados por outros membros dos órgãos sociais, devem prestar, em tempo útil e de forma adequada ao pedido, as informações por aqueles requeridas». Veja-se também que o art. 421.º, 1, *d*), confere ao fiscal único, ao revisor oficial de contas ou a qualquer membro do conselho fiscal, «conjunta ou separadamente», o poder de «assistir às reuniões da administração, sempre que o entendam conveniente». Como a lei não limita o poder referido às reuniões do conselho de administração, parece que estarão abrangidas as reuniões da

que ela chega aos respectivos destinatários, que são os demais membros do conselho[67].

Neste caso, não parece suficiente que só o presidente do conselho de administração receba a informação. Não se pode dizer que verdadeiramente se trata de uma notificação ou declaração de administrador que tenha a sociedade como destinatário.

A prestação de informação aos demais membros do conselho permite que este tome resoluções sobre os assuntos: não podemos esquecer que, como revela o n.º 8 do art. 407.º, o conselho de administração não perdeu competência para deliberar sobre as matérias objecto da delegação.

Para além disso, os membros do conselho de administração que não são membros da comissão executiva podem querer provocar a intervenção do conselho para tomar medidas perante actos ou omissões da comissão que causem prejuízos, ou perante o propósito de praticar ou omitir tais actos.

A informação que seja dada aos administradores não executivos pelo presidente da comissão executiva assume especial importância se tivermos em conta o que resulta do n.º 2 do art. 72.º do CSC.

A responsabilidade dos administradores para com a sociedade é excluída se provarem que actuaram em termos informados, livres de qualquer interesse pessoal e segundo critérios de racionalidade empresarial. Segundo critérios de racionalidade empresarial, obviamente, atendendo também às informações disponíveis.

---

comissão executiva. Curiosamente, os preceitos relativos à comissão de auditoria não contêm norma semelhante àquela. Mas daí não se pode retirar solução contrária.

[67] No mesmo sentido, CALVÃO DA SILVA, «"Corporate Governance" – Responsabilidade civil de administradores não executivos, da comissão de auditoria e do conselho geral e de supervisão», cit., p. 37.

O presidente da comissão executiva tem ainda o dever de «assegurar o cumprimento dos limites da delegação, da estratégia da sociedade e dos deveres de colaboração perante o presidente do conselho de administração». Tem o dever de assegurar o cumprimento de tudo isso, obviamente, por parte da comissão executiva.

Nessa medida, assume aqui importância o que foi estabelecido pelo conselho de administração quanto ao modo de funcionamento da comissão executiva. Como assume também importância o que resultar do contrato de sociedade relativamente à vinculação da sociedade por parte de membros da comissão executiva.

Este último aspecto merece alguns desenvolvimentos mais.

Com efeito, é sabido que nas sociedades anónimas não pode haver propriamente delegação dos poderes de representação que cabem ao conselho de administração. O que o n.º 2 do art. 408.º do CSC prevê é que o contrato de sociedade pode dispor que a sociedade fique também vinculada por negócios celebrados por um ou mais administradores-delegados, dentro dos limites da delegação. Mas não se faz ali expressa menção aos membros da comissão executiva. Contudo, quer-nos parecer que também a estes pode o contrato de sociedade reconhecer poderes para, enquanto tais, representarem a sociedade, visto que os membros da comissão executiva devem ser considerados administradores-delegados[68].

---

[68] Cfr. o nosso *Os poderes de representação dos administradores de sociedades anónimas*, cit., p. 370 e s..

7. O funcionamento da comissão executiva

A própria deliberação do conselho de administração que cria a comissão executiva deve estabelecer o respectivo modo de funcionamento. Se nada resultar dessa deliberação quanto aos poderes de cada membro da comissão, pensamos que nesse caso se devem aplicar, por analogia e na medida do possível, as regras que valem para o conselho de administração e previstas no art. 410.º do CSC[69]. Por força da remissão para o n.º 3 do art. 395.º, o presidente da comissão executiva pode ter voto de qualidade.

Pode perguntar-se se na deliberação do conselho que estabelece o modo de funcionamento da comissão executiva é possível afastar a colegialidade[70], que parece ser imperativa para o conselho de administração[71].

---

[69] Defendendo a aplicação por analogia das normas relativas ao conselho de administração à comissão executiva, para a Espanha, JUAN LUÍS IGLESIAS PRADA, *Administración y delegación de facultades en la sociedad anónima*, cit., p. 148 e 332 e s.; JOAQUÍN GARRIGUES/RODRIGO URIA, *Comentario a la Ley de Sociedades Anónimas*, cit., p. 140; para a Itália, ALESSANDRO BORGIOLI, *L'amministrazione delegata*, cit., p. 202-203, e, quanto ao art. 2388 do *Codice Civile* então em vigor, ISABELLA MAFFEZONNI, *Contributo allo studio del comitato esecutivo nelle società per azioni*, cit., p. 87. Por seu lado, PEDRO MAIA, *Função e funcionamento do conselho de administração da sociedade anónima*, cit., p. 263, nota 321, parece afastar a aplicação do art. 410.º.

[70] Para uma análise das posições que na Itália surgiram sobre o tema, cfr. ISABELLA MAFFEZZONI, *Contributo allo studio del comitato esecutivo nelle società per azioni*, cit., p. 82 e ss..

[71] Cfr., no sentido dessa imperatividade, PEDRO MAIA, *Função e funcionamento do conselho de administração da sociedade anónima*, cit., p. 213 e ss., mas com excepções quanto ao *quorum* deliberativo e admitindo cláusulas que reforcem as exigências quanto ao *quorum* constitutivo para reuniões em primeira convocação.

Nogueira Serens e Calvão da Silva consideram que o funcionamento da comissão executiva é colegial[72]. Já Pedro Maia[73] afirma seguir uma via intermédia, pois aceita que a comissão executiva actue colegial ou conjuntamente, acrescentando que ao conselho de administração não é permitida a omissão quanto ao modo de funcionamento da comissão executiva[74].

Pela nossa parte, o facto de o art. 407.º, 4, determinar que a deliberação do conselho de administração que cria a comissão executiva deve estabelecer o modo de funcionamento desta não é suficiente para se dizer que aquela deliberação pode ir ao ponto de afastar a actuação colegial. A alternativa aberta pela lei, se não se pretende um só administrador-delegado, é a delegação em dois ou mais administradores-delegados. Mas se a comissão executiva não actua de modo colegial, o que existirá na verdade é apenas um conjunto de administradores-delegados[75].

---

[72] NOGUEIRA SERENS, *Notas sobre a sociedade anónima*, cit., p. 78; CALVÃO DA SILVA, «"Corporate Governance" – Responsabilidade civil de administradores não executivos, da comissão de auditoria e do conselho geral e de supervisão», cit., p. 38, nota 14.

[73] PEDRO MAIA, *Função e funcionamento do conselho de administração*, cit., p. 262, nota 321,

[74] E, com isso, parece estar implícito um vício da deliberação de delegação que não decide quanto a esse modo de funcionamento. Cfr. tb., recusando o carácter imperativo da colegialidade na comissão executiva, ISABEL MOUSINHO DE FIGUEIREDO, «O administrador-delegado (A delegação de poderes de gestão no direito das sociedades)», cit., p. 567. Sobre a colegialidade do *comitato esecutivo* na Itália, cfr., por um lado, GUSTAVO MINERVINI, *Gli amministratori delle società per azioni*, cit., p. 455; e por outro, PAOLO GRECO, *Le società nel sistema legislativo italiano*, cit., p. 301; NOBILI, «Reunioni e deliberazione del comitato esecutivo», *Riv. Soc.*, 1960, p. 458.

[75] ISABELLA MAFFEZZONI, *Contributo allo studio del comitato esecutivo nelle società per azioni*, cit., p. 69.

CAPÍTULO III
A REPRESENTAÇÃO DA SOCIEDADE ANÓNIMA POR ADMINISTRADORES-DELEGADOS

1. O n.º 2 do art. 408.º do CSC

O contrato de sociedade pode dispor que a sociedade anónima fique *também* vinculada pelos negócios celebrados por um ou mais administradores-delegados. Essa autorização é necessária para que a sociedade fique vinculada pelos negócios celebrados pelos administradores-delegados, quando seja necessária, em geral, a intervenção de um número superior de administradores para aquela vinculação.

O teor do n.º 2 do art. 408.º permite retirar várias conclusões.

Em primeiro lugar, deve considerar-se *excluída* a possibilidade de defender que o administrador-delegado tem *necessariamente* poderes para representar a sociedade no âmbito dos poderes de gestão corrente que lhe são confiados. Esses poderes de representação têm que resultar de cláusula do contrato de sociedade.

E, por isso mesmo, outra conclusão é possível: a delegação de poderes de gestão *não implica uma delegação tácita* dos poderes de representação correspondentes.

Não é igualmente defensável que os poderes de representação possam ser conferidos *em exclusivo* aos administradores-delegados[76]. O n.º 2 do art. 408.º é claro quanto a isto. O contrato de

---

[76] Sobre o tema, Francisco Aranguren Urriza/Ana Fernández-Tresguerres García, «La representación de la sociedad anónima», in *Estudios sobre la sociedad anónima*, (dir. Garrido de Palma), Civitas, Madrid, 1991, p. 185.

sociedade pode dispor que esta fique *também* vinculada pela actuação dos administradores-delegados, sem excluir a competência do conselho de administração. É ainda isso o que se passa no que diz respeito à competência para deliberar sobre as matérias previstas na delegação. De acordo com o n.º 8 do art. 407.º, a delegação «não exclui a competência do conselho para tomar resoluções sobre os mesmos assuntos».

Sendo necessária cláusula do contrato de sociedade dispondo que a sociedade fica vinculada pelos negócios celebrados por um ou mais administradores-delegados, a atribuição de poderes de representação aos delegados enquanto tais não depende de deliberação do conselho de administração. O conselho deve, isso sim, deliberar quanto à existência ou não de administradores-delegados e quanto à respectiva designação[77].

Os poderes de representação dos administradores-delegados enquanto tais não dependem de deliberação do conselho de administração nem podem ser excluídos por este. Se o conselho de administração designa um ou mais administradores-delegados, não pode retirar-lhes os poderes de representação nos casos em que o contrato de sociedade dispõe que a sociedade fica também vinculada pelos negócios celebrados por aqueles.

A necessidade de cláusula do contrato de sociedade que confira poderes de representação aos administradores-delegados enquanto tais não torna estes meros representantes voluntários da sociedade. Por um lado, os administradores-delegados não perdem a condição de administradores. Mas, mais importante do que isso, os poderes de representação que ficam a caber aos

---

[77] O regime legal previsto para as sociedades por quotas é bastante diferente. No n.º 2 do art. 261.º lê-se que os gerentes podem delegar em um ou mais gerentes a competência para determinados negócios ou espécie de negócio. Porém, em relação a esses negócios, os gerentes só podem vincular a sociedade «se a delegação lhes atribuir expressamente tal poder».

administradores-delegados resultam directamente do contrato de sociedade. Além disso, os administradores-delegados exercem as suas funções em consequência de uma deliberação do conselho de administração e não de uma procuração[78].

Não está excluída, é certo, a possibilidade de a sociedade anónima, por intermédio dos administradores que a representam, nomear mandatários ou procuradores que, uns e outros, não sejam administradores. Mas isso só pode ocorrer para a prática de determinados actos ou categorias de actos, e não para a gestão corrente da sociedade[79]. Ou seja, esses mandatários e procuradores não podem ter poderes gerais para administrar a sociedade ou os mesmos poderes que os administradores[80].

2. Os administradores encarregados

Como vimos já, o n.º 2 do art. 408.º estabelece que o contrato de sociedade pode dispor que a sociedade anónima fique

---

[78] Sobre os argumentos apresentados, cfr. JOAQUÍN GARRIGUES/RODRIGO URÍA, *Comentario a la Ley de Sociedades Anónimas*, cit., p. 132-133.

[79] N.º 7 do art. 391.º.

[80] Para as sociedades por quotas, e tendo em conta o n.º 6 do art. 252.º do CSC, foi o seguinte o entendimento do Conselho Técnico da DGRN (Parecer 22/89, *Rev. Not.*, 1990/1, p. 111 ss.): «a estipulação de que a sociedade por quotas poderá constituir mandatários para a representar em todos os actos relacionados com o exercício da sua actividade é válida ou, pelo menos, não é nula», «o disposto naquele n.º 6 do artigo 252.º do CSC "dispensa a disposição contratual para a sociedade poder constituir procuradores, por intermédio dos gerentes, para actos ou categoria de actos especificados na procuração (cf. Menéres Pimentel, CSC, pág. 222, nota 1). Não vem proibir que exista uma disposição contratual a autorizar que venham a constituir-se mandatários com poderes genéricos». Trata-se, porém, de interpretação que apenas se apoia numa certa leitura da letra da lei, sem atender à sua razão de ser.

também vinculada pelos negócios celebrados por um ou mais administradores-delegados. Ora, o art. 407.º tem precisamente por epígrafe «Delegação de poderes de gestão». No n.º 1, torna-se claro que a sociedade anónima pode ter administradores encarregados de certas matérias de administração. Assim sendo, há que perguntar se também estes administradores encarregados podem vincular a sociedade nos casos em que o contrato de sociedade estabelece que esta fica vinculada pelos negócios celebrados por um ou mais administradores-delegados.

Na nossa opinião, alguma razão tem de ser encontrada para que no n.º 1 do art. 407.º se utilize a palavra «encarregar» e, no n.º 3, o termo «delegar». O regime da responsabilidade dos restantes membros do conselho de administração é diferente num e noutro caso. O encargo previsto no n.º 1 não altera o regime da responsabilidade dos restantes administradores pelos actos de gestão praticados pelos encarregados, não sendo aplicável o disposto no n.º 8 do art. 407.º[81].

A justificação para incluir o regime dos administradores encarregados no art. 407.º é, para nós, a seguinte: o que está em causa, para essa delegação imprópria, interna ou atípica[82], é por um lado dispensá-la de autorização do contrato de sociedade e, por outro, tornar claro que não há alteração ao regime geral da responsabilidade dos administradores. Por isso, os administradores encarregados não serão verdadeiros administradores-delega-

---

[81] Sobre o regime da responsabilidade a que está sujeito o administrador encarregado, cfr. COUTINHO DE ABREU, *Governação das sociedades comerciais*, 2.ª ed., cit., p. 103, em linhas que parecem ser convergentes com as nossas. No exemplo que aquele Professor dá, «os demais administradores não tiveram nem podiam ter tido em tempo oportuno qualquer conhecimento do negócio» realizado pelo administrador encarregado e, por isso, os restantes administradores não responderiam «nos termos legal-gerais».

[82] Cfr. FRANCO BONELLI, *Gli amministratori di società per azioni*, cit., p. 43 e ss..

dos e não são abrangidos pelo disposto no n.º 2 do art. 408.º, que nada diz sobre os administradores encarregados[83].

O que acabámos de dizer sai reforçado se lermos o que constava do Projecto de Código das Sociedades[84]. O art. 392.º desse Projecto fazia claramente a distinção entre a repartição especial de matérias (n.º 1, al. *a*)) e a delegação do conselho para a gestão corrente (n.º 1, al. *c*)). Por sua vez, o n.º 1 do art. 393.º do Projecto reconhecia poderes de representação ao administrador-delegado nas matérias para as quais lhe tivessem sido delegados poderes de administração. O mesmo não se verificava com os administradores encarregados de certas matérias em consequência de uma repartição especial.

3. Alternativas para a representação através de administradores-delegados

Segundo o n.º 2 do art. 408.º o contrato de sociedade pode dispor que esta fique também vinculada pelos negócios celebrados por um ou mais administradores-delegados. Daqui resulta pouca coisa quanto à redacção que pode ser dada à cláusula do contrato de sociedade.

Não temos dúvidas em aceitar uma cláusula que permita a vinculação por qualquer um dos administradores-delegados ou por um certo número deles. Como é evidente, será mais útil para a sociedade que esse número necessário de administradores-delegados seja inferior ao que é exigido para a representação em geral através de membros do conselho de administração.

---

[83] Recusando também a possibilidade de o estatuto atribuir poderes de representação aos administradores encarregados, COUTINHO DE ABREU, *Governação das sociedades*, 2.ª ed., cit., p. 101.

[84] *BMJ*, 327.º, 1983, p. 56 e ss..

O n.º 2 do art. 408.º não parece permitir que seja o contrato de sociedade a estabelecer os limites da delegação. Esses limites resultam da deliberação do conselho de administração, que poderá por exemplo determinar que ao administrador-delegado é entregue esta ou aquela área territorial, esta ou aquela matéria.

4. Os limites da delegação do conselho e a sua (in)oponibilidade a terceiros

4.1. Os termos da questão

Foi já lembrado o teor do n.º 2 do art. 408.º, nos termos do qual «o contrato de sociedade pode dispor que esta fique também vinculada pelos negócios celebrados por um ou mais administradores-delegados, dentro dos limites da delegação do conselho». A última parte do preceito obriga a perguntar se a sociedade fica ou não vinculada por um acto dos administradores-delegados que ultrapassa os limites da delegação do conselho.

Os limites da delegação do conselho serão, no que diz respeito ao n.º 2 do art. 408.º, os mesmos que são mencionados nos n.ºs 4 e 5 do art. 407.º. Aqueles limites são constituídos pelas matérias que foram objecto da delegação. É o que parece resultar do n.º 4 do art. 407.º: «a deliberação do conselho deve fixar os limites da delegação, na qual não podem ser incluídas as matérias [...]».

O problema é problema por causa da redacção do n.º 1 do art. 409.º. Aí se lê que os «actos praticados pelos administradores, em nome da sociedade e dentro dos poderes que a lei lhes confere, vinculam-na para com terceiros, não obstante as limitações constantes do contrato de sociedade ou resultantes de deliberações dos accionistas, mesmo que tais limitações estejam publicadas». Como se vê, nenhuma referência é feita às limitações resultantes de deliberação do conselho de administração.

4.2. O problema na Itália e na Espanha

O tema agora abordado foi objecto da atenção da doutrina estrangeira. A aplicação aos actos dos administradores-delegados das normas que consagram a inoponibilidade dos limites ao poder de representação dos administradores defrontou-se com sérias objecções. Invocou-se a rigidez do conteúdo da representação da sociedade pelos administradores e, logo, a «rigorosa delimitação subjectiva do âmbito de operatividade» da disciplina da representação social[85], assim como a tutela de que o terceiro sempre poderia beneficiar se exigisse a intervenção dos restantes administradores nos termos gerais ou invocando as normas sobre representação comercial[86].

Fanelli, antes da adaptação do direito das sociedades italiano às soluções consagradas na Primeira Directiva sobre direito das sociedades[87], entendia que a sociedade não podia opor os limites originários aos terceiros sempre que estes tivessem fundadamente confiado nos poderes mais vastos dos delegados. A ausência de publicidade dos limites da delegação comportaria, para os terceiros de boa fé, a presunção de que tinham sido con-

---

[85] PIETRO ABBADESSA, *La gestione dell'impresa nella società per azioni. Profili organizzativi*, cit., p. 148.

[86] GIANCARLO LAURINI, «Statuti di società e certeza dei poteri rappresentativi», cit., p. 932.

[87] Directiva 68/151/CEE, que foi entretanto revogada pela Directiva 2009/101/CE. Cfr., quanto às posições referidas no texto, GIUSEPPE FANELLI, *La delega di potere amministrativo nella società per azioni*, cit., p. 51 e ss..

feridos todos os poderes abstractamente delegáveis. O terceiro poderia razoavelmente acreditar que o representante teria todos os poderes normais e necessários para o exercício da função.

A redacção dada ao art. 2384.º/2 do *Codice Civile* com a adaptação à Primeira Directiva sobre direito das sociedades foi a seguinte: «Le limitazioni al potere di rappresentanza che risultano dall'atto costitutivo o dallo statuto, anche se pubblicate, non sono opponibili ai terzi, salvo che si provi che questi abbiano intenzionalmente agito a danno della società».

Laurini[88] defendeu que este preceito abrangia as limitações ao poder de representação dos administradores-delegados, devendo ser objecto de interpretação extensiva. No mesmo sentido seguiu Rossi, argumentando (no que parece seguir Maccarone) com o disposto no n.º 2 do art. 9.º da Primeira Directiva sobre direito das sociedades[89] e com a referência que ali se faz a limitações constantes de decisões dos órgãos competentes.

Porém, a Circolare Assonime n.º 65[90] adoptou leitura diversa, considerando que o disposto no art. 2384.º/2 do *Codice Civile* não era aplicável aos administradores-delegados com poderes de representação porque a norma apenas se dirigia àqueles cujos poderes de representação resultam do acto constitutivo ou do estatuto (o que não tinha de acontecer no direito italiano, ao contrário do que resulta do n.º 2 do art. 408.º do CSC).

Com as alterações de 2003, o art. 2384 passou a ter a seguinte redacção: «Il potere di rappresentanza attribuito agli amministratori dallo statuto o dalla deliberazione di nomina è gene-

---

[88] GIANCARLO LAURINI, «Legittimazione e rappresentanza nelle società di capitali», *Riv. Soc.*, 29.º, 1984, I, p. 833; ID., «A propósito dell'opponibilità dei limiti al potere di rappresentanza dell'amministratore delegato», *Giur. Comm.*, 13.º, 1986, II, p. 173 e ss.

[89] Cfr., hoje, o art. 10.º, 2, da Directiva 2009/101/CE.

[90] «Circolare Assonime número 65, de 13 de Março de 1970», *Riv. Soc.*, 1970, p. 826.

rale/Le limitazioni ai poteri degli amministratori che risultano dallo statuto o da una decisione degli organi competenti non sono opponibili ai terzi, anche se pubblicate, salve che si provi che questi abbiano intenzionalmente agito a danno dela società». A menção às limitações que resultam de decisão dos órgãos competentes parece ter eliminado as dúvidas[91].

Também na Espanha o tema foi debatido. Assim, para Sanchez Calero[92] e para Polo[93], o art. 129.º da LSA seria aplicável aos administradores-delegados, pelo que o poder de representação destes seria o que fosse determinado por aquele preceito em relação aos administradores em geral. Lembre-se que o teor do art. 129.º da LSA era o seguinte: «1. La representación se extenderá a todos los actos comprendidos en el objeto social delimitado en los estatutos. Cualquier limitación de las facultades representativas de los administradores, aunque se halle inscrita en el Registro Mercantil, será ineficaz frente a terceros. 2. La sociedad quedará obligada frente a terceros que hayan obrado de buena fe y sin culpa grave, aun cuando se desprenda de los estatutos inscritos en el Registro Mercantil que el acto no está comprendido en el objeto social»[94].

Sob a vigência da LSA de 1951, era defendido também que o art. 76.º, § 2, devia ser aplicado aos casos em que os administradores-delegados tivesem poderes de representação. Isso era facilitado pelo teor do preceito em causa: «en todo caso, la representación de la sociedad se extenderá a todos los asuntos pertencientes

---

[91] Nesse sentido, LUCA RESTAINO, «Articolo 2384», in *La riforma delle società. Società per azioni. Società in accomandita per azioni,* (a. c. di Sandulli//Santoro), T. I, Giappichelli, Torino, 2003, p. 426.

[92] FERNANDO SANCHEZ CALERO, *Administradores,* cit., p. 132 e p. 486.

[93] EDUARDO POLO, *Los administradores y el consejo de administración en la sociedad anónima,* cit., p. 481 e ss..

[94] A redacção do art. 234 da nova *Ley de Sociedades de Capital* é a mesma.

al giro o tráfico de la empresa». «En todo o caso» e, portanto, também no caso de se tratar de administrador-delegado. Era essa, nomeadamente, a opinião de Garrigues e Uria[95], para quem a tutela dos terceiros que negoceiam com a sociedade «exige que esos terceros puedan confiar, al contratar com una persona que tenga la condición de consejero delegado de una sociedad, que sus poderes abarquen todos los negócios o asuntos pertenecientes al giro o tráfico de la empresa, sin limitación alguna».

4.3. Em Portugal

Nos casos em que o contrato de sociedade dispõe que esta pode também ficar vinculada pelos negócios celebrados por um ou mais administradores-delegados, o n.º 2 do art. 408.º do CSC pode conduzir o intérprete a uma de duas soluções.

A primeira leitura possível é aquela segundo a qual *a vinculação só tem lugar dentro dos limites da delegação* do conselho. O contrato de sociedade poderia dispor que a sociedade ficaria vinculada pelos negócios celebrados por um ou mais administradores-delegados mas *essa vinculação só se verificaria se tais negócios se contivessem dentro dos limites da delegação* do conselho. Essa parece ser a opinião de Gonçalves Pereira[96], para quem «os administradores-delegados vinculam a sociedade dentro dos limites da delegação, se o contrato de sociedade assim o dispuser».

Pela nossa parte temos defendido, já desde 1998, que o n.º 2 do art. 408.º do CSC torna possível uma outra leitura. É evidente que, se o contrato de sociedade permite que os adminis-

---

[95] JOAQUÍN GARRIGUES/RODRIGO URIA, *Comentario a la Ley de Sociedades Anónimas*, cit., p. 137.

[96] GONÇALVES PEREIRA, «Objecto social e vinculação da sociedade», *Rev. Not.*, 1987/1, p. 67 e ss..

tradores-delegados vinculem a sociedade, deve ainda estabelecer que tais poderes de representação são conferidos dentro dos limites da delegação do conselho. Ou seja, o contrato de sociedade pode dispor que a sociedade fica vinculada pelos negócios celebrados por um ou mais administradores-delegados dentro dos limites da delegação do conselho. Logicamente, o contrato de sociedade não pode estabelecer que a sociedade fica vinculada pelos negócios celebrados pelos administradores-delegados mesmo que tais negócios não respeitem os limites da delegação do conselho.

Assim, com o n.º 2 do art. 408.º *a lei limita a liberdade dos accionistas na redacção do contrato de sociedade*. Embora neste se possa fazer constar que a sociedade fica vinculada pelos negócios celebrados por um ou mais administradores-delegados, a cláusula deve referir que esses administradores só podem exercer os poderes de representação «dentro dos limites da delegação do conselho».

Na verdade (e este é já um argumento forte), *não diz a lei que a sociedade só ficará vinculada dentro dos limites da delegação do conselho*. Se assim fosse, estaríamos perante um limite legal aos poderes de representação.

A interpretação aqui defendida ganha ainda mais sentido se tivermos em conta que *o conselho de administração, ao delegar poderes de gestão, só estabelece limites aos próprios poderes de gestão*. A delegação do conselho de administração não contém limites aos poderes de representação dos administradores-delegados porque *o conselho de administração não delega poderes de representação*. O conselho de administração, se o contrato de sociedade o autorizar, pode decidir se delega ou não tarefas de gestão em membros do conselho e quais as tarefas que delega. No entanto, o conselho de administração não pode escolher entre conferir ou não poderes de representação aos administradores-delegados. Os administradores-delegados, enquanto tais, só têm poderes de representação se o contrato de sociedade o estabelecer. E é o contrato de sociedade que deve definir quais os limites para tais poderes de representação, determinando-os em função dos limites da delegação de poderes de gestão.

Mas, então, o que existe é uma *limitação constante do contrato de sociedade* que fica abrangida pelo n.º 1 do art. 409.º do CSC. O elemento literal deve, aliás, ser convocado. O n.º 1 do art. 409.º não faz distinção entre os administradores-delegados e os restantes. E os administradores-delegados também são administradores.

O n.º 2 do art. 408.º destina-se assim a restringir a liberdade dos sócios na redacção da cláusula do contrato de sociedade pela qual se estabelece que a sociedade pode ficar vinculada pelos negócios celebrados pelos administradores-delegados. Os sócios não podem redigir o contrato de sociedade sem referir que os administradores-delegados só vinculam a sociedade dentro dos limites que a delegação dos poderes de gestão fixar para estes últimos. Mas essa limitação resulta do contrato de sociedade e não da lei. A lei apenas limita os poderes dos accionistas e não os poderes dos administradores. O contrato de sociedade deve dispor que a sociedade fica vinculada pelos negócios dos administradores-delegados dentro dos limites da delegação por razões de coordenação entre o exercício dos poderes de representação do administrador-delegado e o dos restantes membros do conselho. O contrato de sociedade só pode atribuir o poder de vincular a sociedade aos administradores-delegados dentro dos limites da delegação, nos termos do n.º 2 do art. 408.º, porque, em relação às restantes matérias, deve vigorar a regra consagrada no n.º 1 do mesmo artigo. O contrato de sociedade deverá conter um limite aos poderes dos administradores-delegados, limite esse que é eficaz nas relações internas mas que não impede a vinculação da sociedade perante terceiros.

Para justificar que o n.º 1 do art. 409.º é aplicável aos actos praticados pelos administradores-delegados em representação da sociedade anónima pode invocar-se a necessidade de interpretar as disposições legais internas de forma coerente com o direito comunitário, o qual determinou o teor do texto daquele preceito[97]. *A solução contrária transformava a delegação numa forma de escapar ao rigor da disciplina desejada* pela Primeira Directiva sobre direito das sociedades consagrada naquele n.º 1 do art. 409.º[98]. O conselho de administração poderia proceder a uma delegação com limites bem definidos, limites esses que, sendo desrespeitados, impediriam a vinculação da sociedade para com terceiros.

Lembramos que no n.º 1 do art. 9.º da Primeira Directiva podia ler-se que a «sociedade vincula-se perante terceiros pelos actos realizados pelos seus órgãos, mesmo se tais actos forem alheios ao seu objecto social, a não ser que esses actos excedam os poderes que a lei atribui ou permite atribuir a esses órgãos»[99]. Estes órgãos tanto podem ser aqueles que a lei prevê de forma imperativa, como aqueles que surgem previstos de forma facultativa. Sobre isto, escrevia Raúl Ventura[100]: «À intenção de proteger terceiros é mais conforme uma interpretação ampla, incluindo-se, portanto, no preceito os órgãos legalmente impostos às sociedades, os órgãos expressamente previstos na lei como facultativos (caso do conselho fiscal nas sociedades por quotas) e quaisquer outros que a lei autorize os estatutos a criar».

---

[97] Cfr. ELISABETTA PEDERZINI, «Investitura rappresentativa dell'amministratore delegato di società o opponibilità delle relative limitazioni ai sensi dell'art. 2384,2 c.c.», cit., p. 640, em texto e nota.

[98] Com este argumento, para a Itália, FRANCO BONELLI, *Gli amministratori di società per azioni*, cit., p. 114; ALESSANDRO BORGIOLI, *L'amministrazione delegata*, cit., p. 185.

[99] Cfr. agora o art. 10.º, 1, da Directiva 2009/101/CE.

[100] RAÚL VENTURA, «Adaptação do direito português à 1.ª Directiva do Conselho da Comunidade Económica Europeia sobre o direito das sociedades», separata de Documentação e Direito Comparado, 2, 1981, p. 27.

O que se escreveu até agora vale para defender que a cláusula do contrato de sociedade prevista no n.º 2 do art. 408.º não impedirá só por si a vinculação da sociedade pelos actos praticados pelos administradores-delegados que não respeitem as limitações resultantes da deliberação do conselho, sendo aplicável o disposto no n.º 1 do art. 409.º. E, portanto, as limitações resultantes do contrato de sociedade serão em regra inoponíveis a terceiros.

Avancemos um pouco mais. A deliberação do conselho de administração deve «fixar os limites da delegação». É o que diz o n.º 4 do art. 407.º. Lendo o n.º 1 do art. 409.º, não vemos aí referência à *inoponibilidade de limitações constantes de deliberação do conselho de administração*. Contudo, o n.º 2 do art. 9.º da Primeira Directiva sobre direito das sociedades[101] estabelecia a inoponibilidade a terceiros das limitações aos poderes dos órgãos representativos que resultem de *resoluções dos órgãos competentes*[102]. Se assim é, uma interpretação do n.º 1 do art. 409.º em conformidade com a Primeira Directiva obriga a ler o preceito referido de forma a considerar vinculada a sociedade anónima pelos actos dos administradores «não obstante as limitações constantes do contrato de sociedade ou resultantes de deliberações dos órgãos competentes». Mesmo que esse órgão seja o próprio conselho de administração e, portanto, mesmo que se esteja perante limitações resultantes da deliberação de delegação.

Julgamos também que se justifica não colocar sobre os ombros do terceiro a tarefa de *verificar se o acto em concreto está ou não incluído nas matérias que foram objecto da delegação*. Se as limi-

---

[101] O anterior art. 9.º, 2, corresponde ao actual art. 10.º, 2, da Directiva 2009/101/CE.

[102] Sobre o tema, cfr. tb. ESPÍRITO SANTO, *Sociedades por quotas e anónimas. Vinculação: objecto social e representação plural*, cit., p. 430, nota 1176.

tações constantes da delegação do conselho fossem oponíveis a terceiros, estes passariam a exigir cópia da acta da reunião em que o conselho tivesse deliberado aquela delegação e a colocar em dúvida a pertinência de um acto concreto às matérias objecto da delegação. A celeridade das trocas poderia ser afectada. Com a delegação pretendia-se uma actuação mais eficaz e obtinha-se o contrário. O terceiro exigiria sempre uma intervenção dos administradores que, nessa qualidade, tivessem poderes gerais de representação nos termos do art. 408.º, assim se esvaziando a figura do administrador-delegado de grande parte da sua utilidade[103].

Em apoio da leitura que julgamos preferível pode ainda ser invocada a história do n.º 2 do art. 409.º. Com efeito, a segunda parte do n.º 1 do art. 393.º do Projecto de Código das Sociedades[104] tinha a seguinte redacção: «o administrador-delegado tem poderes representativos nas matérias para as quais lhe tenham sido delegados poderes de administração». Aqui, o próprio texto limitava, de forma clara, a extensão dos poderes de representação do administrador-delegado. Mas a redacção do n.º 2 do art. 409.º do CSC é muito diferente. Este último preceito não estabelece que os administradores-delegados só têm poderes de representação nas matérias que foram objecto de delegação.

O conselho de administração pode delegar poderes de gestão mas não delega poderes de representação. Por isso, a delegação do conselho não contém verdadeiramente limites aos poderes de representação dos administradores-delegados. E o conselho também não pode pretender limitar eficazmente aqueles poderes. O contrato de sociedade deve estabelecer que os admi-

---

[103] Sobre o argumento, cfr., para a Itália, ELISABETTA PEDERZINNI, «Investitura rappresentativa dell'amministratore deleegato di società e opponibilità delle relative limitazioni ai sensi dell'art. 2384, 2, cc», cit., p. 662 e ss..

[104] *BMJ*, 327.º, p. 276.

nistradores-delegados podem vincular a sociedade dentro dos limites da delegação do conselho. Esta cláusula obriga os administradores-delegados ao seu cumprimento. Mas não impede a vinculação da sociedade perante terceiros: é uma limitação constante do contrato de sociedade.

No que diz respeito à própria deliberação do conselho pela qual tem lugar a delegação, é preciso ainda referir que a mesma não pode incluir na delegação as matérias indelegáveis: aquelas que são identificadas no n.º 4 do art. 407.º. Muitas dessas matérias indelegáveis dificilmente podem implicar uma actuação em representação da sociedade por parte do administrador-delegado, enquanto tal. Mas quando essa actuação seja possível (veja-se o caso da al. *f*) do art. 406.º), o administrador-delegado que actua enquanto tal em representação da sociedade relativamente a matérias indelegáveis não vincula a sociedade. E isto porque, nesses casos, podemos dizer que estamos perante limites legais aos poderes de representação.

4.4. *A deliberação de delegação nula por incluir matérias previstas nas alíneas* a) *a* d), f), l) *e* m) *do art. 406.º*

Como vimos, a deliberação do conselho de administração que inclua na delegação as matérias das alíneas *a*) a *d*), *f*), *l*) e *m*) do art. 406.º é nula. Assim sendo, não podem ser considerados administradores-delegados ou membros da comissão executiva aqueles que como tal foram designados através da deliberação de delegação. E, como se lê no n.º 4 do art. 412.º, os próprios administradores «não devem executar ou consentir que sejam executadas deliberações nulas».

Ainda que o contrato de sociedade disponha que a sociedade também fica vinculada pelos negócios celebrados por um ou mais administradores-delegados, os que foram designados por deliberação nula não poderiam vincular, como administradores-delegados, a sociedade de que são administradores. No entanto, defendemos aqui a aplicação por analogia do disposto no n.º 2 do art. 61.º: a declaração de nulidade da deliberação «não prejudica os direitos adquiridos de boa-fé por terceiros, com fundamento em actos praticados em execução da deliberação»[105]. O conhecimento da nulidade «exclui a boa fé».

5. Representação por administradores-delegados e actos que não respeitam o objecto social

5.1. *O objecto social e os actos que não respeitam a cláusula que o estabelece. A Primeira Directiva sobre direito das sociedades*

A lei permite que o contrato de sociedade confira aos administradores-delegados o poder para também vincularem a sociedade. Daí que se justifique analisar a possibilidade de aplicar o n.º 2 do art. 409.º aos actos por aqueles praticados e que não respeitem o objecto social[106].

O n.º 2 do art. 409.º dispõe o seguinte: «A sociedade pode, no entanto, opor a terceiros as limitações de poderes resultantes do seu objecto social, se provar que o terceiro sabia ou não podia ignorar, tendo em conta as circunstâncias, que o acto praticado não respeitava essa cláusula e se, entretanto, a sociedade o não assumiu, por deliberação expressa ou tácita dos accionistas».

---

[105] Isabel Mousinho de Figueiredo, «O administrador-delegado (A delegação de poderes de gestão no direitodas sociedades)», cit., p. 569, parece defender a protecção de direitos de terceiro havendo aparência tutelável.

[106] Para problema idêntico, tendo em conta o direito italiano então em vigor, Alessandro Borgioli, *L'amministrazione delegata*, cit., p. 185 e ss..

Também aqui a lei nacional teve em conta a Primeira Directiva. No art. 9.º, 1, podia ler-se: «A sociedade vincula-se perante terceiros pelos actos realizados pelos seus órgãos, mesmo se tais actos forem alheios ao seu objecto social, a não ser que esses actos excedam os poderes que a lei atribui ou permite atribuir a esses órgãos»; «Todavia, os Estados-membros podem prever que a sociedade não fica vinculada, quando aqueles actos ultrapassem os limites do objecto social, se ela provar que o terceiro sabia, ou não o podia ignorar, tendo em conta as circunstâncias, que o acto ultrapassava esse objecto; a simples publicação dos estatutos não constitui, para este efeito, prova bastante»[107].

No projecto inicial, o art. 11.º, 1, estabelecia que no caso em que os actos dos órgãos da sociedade ultrapassassem o objecto social a sociedade não ficaria vinculada, só o ficando se o terceiro tivesse tido justos motivos para julgar que o acto se continha nos limites do objecto social («La société est cependant engagée par les actes qui dépassent l'objet social si le tiers a eu de justes motifs de croire que l'acte passe avec la société rentrait dans les limites de cet objet»), sendo justamente criticado pela doutrina a aparente oneração do terceiro com a necessidade de prova desses justos motivos[108].

No Parecer do Parlamento Europeu de 11 de Maio de 1966[109], tendo em conta as críticas formuladas ao projecto inicial, propunha-se que o acto estranho ao objecto social não deveria vincular a sociedade se esta provasse que o terceiro sabia, ou devia saber, que o acto não respeitava o objecto social.

---

[107] Veja-se, hoje, o art. 10.º, 1, da Directiva 2009/101/CE.
[108] Cfr. ROGER HOUIN, «Les pouvoirs des dirigeants des sociétés a responsabilité limitée et la coordination des législations nationales dans la Commmunauté Économique Européenne», *RTDE*, 2.º, 1966, p. 316.
[109] JOCE, n.º 96, de 28 de Maio de 1966, p. 1519/66.

Da redacção final resultava que, se o órgão com poderes de representação pratica um acto que não se enquadra no objecto social, a sociedade deve ficar vinculada, a não ser que o acto exceda os poderes que a lei nacional atribui ou permite atribuir a esses órgãos. A Directiva permitiu que as legislações nacionais consagrassem a possibilidade de a sociedade não ficar vinculada pelos actos que excedam o dito objecto social desde que essa possibilidade fique sujeita à prova, pela sociedade, de que o terceiro sabia, ou não podia ignorar, tendo em conta as circunstâncias, que o acto ultrapassava esse objecto. Ou seja, a sociedade deverá ficar vinculada a não ser que prove que o terceiro sabia ou não podia ignorar que o acto excedia o objecto social, tendo em conta as circunstâncias, não sendo suficiente que os estatutos da sociedade se encontrem publicados. A Primeira Directiva apenas procurou regular os termos em que o objecto social afecta ou não os poderes de representação, não tendo qualquer relevo quanto às funções do mesmo nas relações internas.

No CSC foi aproveitada a margem de manobra deixada pela Primeira Directiva sobre direito das sociedades e, por isso, a sociedade pode opor a terceiros as limitações de poderes resultantes do seu objecto social se provar que o terceiro sabia ou não podia ignorar, tendo em conta as circunstâncias, que o acto praticado não respeitava essa cláusula. Uma conclusão se impõe: mesmo nos casos em que a sociedade faz essa prova o objecto social não limita a capacidade de gozo da sociedade. Não teria na verdade sentido que a capacidade da sociedade ficasse dependente da prova de que o terceiro sabia, ou não podia ignorar, que o acto não respeitava o objecto social[110]. O que dizemos sai reforçado pelo teor do art. 6.º, 4, do CSC.

---

[110] Cfr. GIOVANNI CASELLI, «Oggetto sociale e atti *ultra vires*:, dieci anni dopo», *Riv. Soc.*, 25.º, 1980, p. 754 e ss..

5.2. A prática pelos administradores-delegados de actos que não respeitam o objecto social

Se o administrador-delegado pratica, enquanto tal, um acto que não respeita o objecto social, esse acto vincula a sociedade, a menos que esta faça a prova exigida pelo n.º 2 do art. 409.º. Este preceito não estabelece qualquer distinção. E os administradores-delegados também são órgãos da sociedade, como o é a comissão executiva.

Ainda que se entendesse que a letra da lei não cobria a hipótese que estamos a analisar, a verdade é que sempre se justificaria a interpretação extensiva da norma. As razões subjacentes ao respectivo regime legal, e em particular os interesses de terceiros, justificam que assim seja.

Por isso, se o administrador-delegado com poderes para vincular a sociedade pratica um acto que não respeita o objecto social, a sociedade fica vinculada para com o terceiro que não conhecia nem podia conhecer, atendendo às circunstâncias, que o acto não respeitava aquele objecto.

Mas se em certos casos (feita pela sociedade a prova legalmente exigida) a sociedade não fica vinculada, então é porque o objecto social é mais do que um mero limite interno. Além disso, o objecto social constitui os órgãos da sociedade no dever de não excederem esse objecto: art. 6.º, n.º 4. Os administradores-delegados poderão por isso ser responsáveis pelos danos que a sua actuação causar à sociedade.

6. O problema do registo e publicação da deliberação de delegação

O contrato de sociedade pode conferir aos administradores-delegados poderes para representarem a sociedade. A publicidade conferida ao contrato de sociedade abrange aquela cláusula. Contudo, interessa também saber se a própria deliberação do conselho de administração pela qual tem lugar a delegação dos poderes de gestão vai ser objecto de publicidade: de registo e de publicação.

Vimos que os administradores-delegados e a comissão executiva devem ser considerados verdadeiros órgãos (de administração) da sociedade anónima. Ora, o art. 3.º, 1, *m*) do CRC sujeita a registo a «designação [...] dos membros dos órgãos de administração [...]», registo esse que é obrigatório[111]. E, atendendo ao teor do art. 70.º, 1, *a*), CRC, a publicação também é obrigatória.

---

[111] Art. 15.º, 1, CRC.

CAPÍTULO IV
A RESPONSABILIDADE DOS MEMBROS DO CONSELHO
DE ADMINISTRAÇÃO POR ACTOS OU OMISSÕES
DOS ADMINISTRADORES-DELEGADOS OU DOS MEMBROS
DA COMISSÃO EXECUTIVA

1. A responsabilidade dos membros do conselho de administração. Brevíssima nota inicial

Os administradores exercem os poderes que competem ao conselho de administração. A esse exercício vai associado um regime jurídico, contendo o CSC vários preceitos regulando a responsabilidade dos administradores perante a sociedade, os sócios e terceiros.

De acordo com o n.º 1 do art. 73.º, a responsabilidade dos administradores é solidária. Faz algum sentido. Desde logo porque os poderes de gestão são atribuídos ao conselho de administração, órgão de composição plural. Além disso, os membros do conselho de administração tomam normalmente deliberações em reunião, de forma colegial[112]. Não se esqueça também que todos os administradores devem empregar nas suas funções a diligência de um gestor criterioso e ordenado, conforme decorre da al. *a*) do n.º 1 do art. 64.º do CSC. O que foi dito

---

[112] Cfr. o art. 410.º CSC. Mas veja-se, defendendo que a «ligação intrínseca entre solidariedade e colegialidade [...] não deve ser sobrevalorizada [...]», COUTINHO DE ABREU/ELISABETE RAMOS, «Artigo 73.º», in *Código das Sociedades Comerciais em Comentário*, (coord. de Coutinho de Abreu), Vol. I, Almedina, Coimbra, 2010, p. 858 (os autores lembram ainda a possibilidade de tomada de deliberações unânimes por escrito, aplicando analogicamente o art. 54.º).

não significa, obviamente, que um administrador seja responsável apenas pelo facto de ser membro do órgão de administração[113].

Decorre porém do n.º 3 do art. 72.º que já não são «responsáveis pelos danos resultantes de uma deliberação colegial os gerentes ou administradores que nela não tenham participado ou hajam votado vencidos» Neste último caso, podem «fazer lavrar no prazo de cinco dias a sua declaração de voto, quer no respectivo livro de actas, quer em escrito dirigido ao órgão de fiscalização, se o houver, quer perante notário ou conservador».

Por sua vez, o n.º 2 do art. 72.º exclui a responsabilidade do administrador que «provar que actuou em termos informados, livre de qualquer interesse pessoal e segundo critérios de racionalidade empresarial».

Vamos de seguida ver em que medida a existência de delegação da gestão corrente da sociedade pode alterar este regime geral. Chamamos desde já a atenção para a necessidade de distinguir entre conselhos de administração com e sem comissão de auditoria. Os membros desta última, embora sejam administradores, estão sujeitos a especiais deveres e por isso o regime que para eles vale é analisado num segundo momento.

2. Os actos ou omissões dos administradores-delegados ou dos membros da comissão executiva

No âmbito das matérias delegadas, não é de excluir que os administradores-delegados, actuando enquanto tais, ao praticarem ou omitirem actos, causem danos à sociedade, a sócios ou a

---

[113] Cfr., nestes termos, COUTINHO DE ABREU/ELISABETE RAMOS, «Responsabilidade civil de administradores e de sócios controladores», IDET/ /Almedina, Coimbra, 2004, p. 13.

terceiros, designadamente credores. Se isso ocorrer, os membros do conselho de administração em quem não foram delegadas as matérias em causa não serão, em princípio, responsáveis quando se trate de danos causados pelos delegados ou pelos membros da comissão executiva no que diz respeito às matérias delegadas. É isso que parece resultar do n.º 8 do art. 407.º do CSC.

Mas desta última norma também se retira que há casos em que os membros do conselho de administração *em quem não foram delegados* os poderes de gestão corrente em causa podem ser responsáveis por actos ou omissões dos delegados. Essa responsabilidade poderá existir («nos termos da lei», e portanto tendo em conta o que esta exige quanto ao dano, a culpa e a causalidade): a) quando esses outros membros do conselho de administração, embora não tivessem conhecimento dos actos ou omissões ou do propósito de os praticar, também não cumpriram o seu dever de vigilância geral da actuação dos administradores-delegados; ou b) quando cumpriram o seu dever de vigilância mas (ou justamente por isso) tiveram conhecimento do acto ou omissão do administrador-delegado ou do propósito de o praticar, e não provocaram a intervenção do conselho para tomar as medidas adequadas.

A responsabilidade dos restantes administradores não é apenas uma responsabilidade por actos (ou omissões) de outrem[114]. Isto porque a lei prevê também a omissão do cumprimento do dever de vigilância geral ou do dever de praticar os actos necessários para que tenha lugar a intervenção do conselho.

---

[114] Com diferente leitura da norma então em vigor em Itália, GIUSEPPE FERRI JR., «Le deleghe interne», cit., p. 256-257, para quem se tratava de responsabilidade por facto de outrem. Mas o preceito aí analisado não ditava a responsabilidade «nos termos da lei». Sobre a exigência de uma «real concausa adequada do prejuízo», CALVÃO DA SILVA, «Responsabilidade civil dos administradores não executivos, da comissão de auditoria e do conselho geral e de supervisão», cit., p. 118.

As semelhanças com a redacção do art. 2392 do *Codice Civile*, na versão anterior à que foi introduzida com a reforma de 2003, são evidentes[115]. Naquele preceito podia ler-se, entre outras coisas, o seguinte: «Gli amministratori devono adempiere i doveri ad essi imposti dalla legge e dall'atto costitutivo con la diligenza del mandatário e sono solidalmente responsabili verso la società dei danni derivanti dall'inosservanza di tali doveri, a meno che si tratti di attribuzioni proprie del comitato esecutivo o di uno o più amministratori. In ogni caso gli amministratori sono solidalmente responsabili se non hanno vigilato sul generale andamento della gestione o se, essendo a conoscenza di atti pregiudizievoli non hanno fatto quanto potevano per impedirne il compimento o eliminarne o attenuarne le conseguenze dannose».

---

[115] A reforma de 2003 acarretou algumas modificações ao art. 2392.º. Lê-se agora o seguinte: «Art. 2392. Responsabilità verso la società. Gli amministratori devono adempiere i doveri ad essi imposti dalla legge e dallo statuto con la diligenza richiesta dalla natura dell'incarico e dalle loro specifiche competenze. Essi sono solidalmente responsabili verso la società dei danni derivanti dall'inosservanza di tali doveri, a meno che si tratti di attribuzioni proprie del comitato esecutivo o di funzioni in concreto attribuite ad uno o più amministratori./In ogni caso gli amministratori, fermo quanto disposto dal comma terzo dell'articolo 2381, sono solidalmente responsabili se, essendo a conoscenza di fatti pregiudizievoli, non hanno fatto quanto potevano per impedirne il compimento o eliminarne o attenuarne le conseguenze dannose./La responsabilità per gli atti o le omissioni degli amministratori non si estende a quello tra essi che, essendo immune da colpa, abbia fatto annotare senza ritardo il suo dissenso nel libro delle adunanze e delle deliberazioni del consiglio, dandone immediata notizia per iscritto al presidente del collegio sindacale». Sobre esta nova redacção, FRANCESCO BARACHINI, *La gestione delegata nella società per azioni*, Giappichelli, Torino, 2008, p. 3 e ss., 70 e 134, mostrando que a doutrina está dividida quanto à questão de saber se foi ou não eliminado o dever de vigilância geral; isso mesmo é também revelado por ALESSANDRA ZANARDO, *Delega di funzioni e diligenza degli amministratori nella società per azioni*, cit., p. 138.

Resulta do n.º 8 do art. 407.º que mesmo quanto às matérias delegadas a lei não quer que os restantes membros do conselho de administração se desinteressem da gestão da sociedade[116]. Mas aquela responsabilidade não diz respeito à violação de um dever de gerir relativamente às matérias que foram objecto da delegação. A este propósito, Cagnasso[117], pensando no dever de vigilância, afirmava que «gli amministratori, i quali abbiano omesso di esercitare la dovuta vigilanza sull'attività degli organi delegati, sono responsabili: ma si trata di responsabilità non per inadempienza ai doveri oggetto di delega, ma per violazione dell'obbligo di vigilanza attiva».

O n.º 8 do art. 407.º estabelece que a responsabilidade dos restantes administradores é uma responsabilidade «nos termos da lei». Isso parece querer dizer também que o intérprete não pode deixar de lado o regime que consta dos arts. 72.º e ss..

3. O dever de vigilância geral

Qualquer membro do conselho de administração tem o *dever de vigiar a actuação dos restantes membros* daquele órgão, mesmo que não haja delegação da gestão corrente[118]. Tanto mais que a

---

[116] Cfr. PRISCILLA PETTITI, «Struttura del comitato esecutivo e responsatilità solidale del consiglio», in *Amministrazione e amministratori di società per azioni*, Giuffrè, Milano, 1995, p. 115.

[117] ORESTE CAGNASSO, *Gli organi delegati nella società per azioni*, cit., p. 84, nota 1.

[118] Nesse sentido, ELISABETE RAMOS, *Responsabilidade civil dos administradores e directores de sociedades anónimas perante os credores sociais*, BFD/Coimbra Editora, Coimbra, 2002, p. 116; ISABEL MOUSINHO DE FIGUEIREDO, «O administrador-delegado (A delegação de poderes de gestão no Direito das Sociedades)», cit., p. 581. Considerando antes que «é evidente que está excluída, à partida, a hipótese de um poder individual de vigilância sobre *a actuação dos outros administradores*, tal como dispõe o art. 407.º, pela simples

responsabilidade dos membros do conselho de administração é solidária e que a culpa se presume no que diz respeito à responsabilidade para com a sociedade, nos termos do disposto no n.º 1 do art. 72.º[119]. Além disso, e sobretudo, os administradores devem respeitar *deveres de cuidado* e empregar «a diligência de um gestor criterioso e ordenado» no âmbito das suas funções[120].

Se há *delegação da gestão corrente*, algo muda. Nesse caso, os membros do conselho de administração que não são delegados ou membros da comissão executiva passam a ter apenas um dever de *vigilância geral*. Mas isto é assim *quanto à actuação daqueles em quem foi efectuada a delegação* (quanto ao dever de vigilância, nada muda com a delegação em relação à actividade dos outros administradores) e *no que diz respeito às matérias delegadas* (quanto ao dever de vigilância também nada muda com a delegação quanto às matérias não delegadas)[121]. Se o dever em causa é um dever *geral*, em princípio os administradores que não são

---

razão de que esses outros administradores, não tendo ocorrido uma delegação, não podem agir – no exercício da empresa – isoladamente», PEDRO MAIA, *Função e funcionamento do conselho de administração da sociedade anónima*, cit., p. 274 e ss.. Sobre a situação dos administradores que são membros da comissão de auditoria, veja-se o que escrevemos mais adiante.

[119] Sobre esta presunção de culpa, cfr. MARIA ELISABETE RAMOS, *Responsabilidade civil dos administradores e directores de sociedades anónimas perante os credores sociais*, cit., p. 220 e ss.. De acordo com a autora, no que diz respeito à responsabilidade perante os credores sociais, «mesmo que se defenda que a violação de uma norma legal ou contratual destinada à protecção dos credores sociais não faz presumir a culpa, deve reconhecer-se que, dadas as particularidades do caso, o juiz pode recorrer às presunções simples, ilidíveis através de contraprova».

[120] Art. 64.º, 1, *a*).

[121] Sobre este dever, MARIA ELISABETE RAMOS, *Responsabilidade civil dos administradores e directores de sociedades anónimas perante os credores sociais*, cit., p. 113 e ss..

delegados ou membros da comissão executiva não têm de vigiar *cada um dos actos* que os administradores-delegados praticam.

Fala-se, a esse propósito, de um dever de natureza *sintética*, e não analítica[122]. Se o dever em causa é um dever geral, isso quer dizer que, em princípio, os administradores que não são delegados ou membros da comissão executiva não têm de vigiar cada um dos actos que os administradores-delegados ou os membros da comissão praticam, mas sim a actividade. Outra solução seria até contraproducente[123]: obrigaria a uma fiscalização de cada acto e isso atrasaria a prática do mesmo. A gestão tornava-se mais pesada, o que não seria o resultado pretendido com a delegação. Muito do tempo dos delegados seria passado em reuniões com os restantes membros do conselho de administração para que fossem prestadas informações acerca de cada acto.

O dever de vigilância geral é pois, em regra, um dever de vigiar o andamento geral da gestão *quanto às matérias delegadas*. Para isso, ainda assim, terão os membros do conselho de administração de verificar documentos (por exemplo, o livro de actas das reuniões da comissão executiva[124]), de analisar as consequências da delegação na situação da sociedade, de indagar se foram respeitados os limites da delegação[125]. O *dever* de vigiar

---

[122] Cfr., p. ex., ORESTE CAGNASSO, *Gli organi delegati nella società per azioni*, cit., p. 96, FRANCO BONELLI, *Gli amministratori di società per azioni*, p. 215-216, nota 121; ALESSANDRO BORGIOLI, *L'amministrazione delegata*, cit., p. 265. Natureza sintética que já não tem o dever de intervenção: cfr. ISABELLA MAFFEZZONI, *Contributo allo studio del comitato esecutivo nelle società per azioni*, cit., p. 218, nota 46.

[123] Cfr., sobre isto, ALESSANDRO BORGIOLI, *L'amministrazione delegata*, cit., p. 266.

[124] Assim também, PRISCILLA PETTITI, «Struttura del comitato esecutivo e responsabilità solidale del consiglio», cit., p. 110

[125] PRISCILLA PETTITI, «Struttura del comitato esecutivo e responsabilità solidale del consiglio», cit., p. 111.

comporta, necessariamente, o *direito* de *vigiar* e de *praticar* os actos que para tal forem necessários ou convenientes. E no cumprimento do dever de vigiar devem os administradores respeitar *deveres de cuidado* e empregar «a diligência de um gestor criterioso e ordenado» no âmbito das suas funções[126]. Um administrador que não é delegado nem membro da comissão executiva está, ainda assim, obrigado a conhecer os seus limites e a melhorar as suas competências.

Tudo o que se acaba de dizer remete-nos para um tema que muito tem sido discutido: o da *circulação da informação* na sociedade. Como se vê no art. 407.º, n.º 6, *a*), o presidente da comissão executiva deve assegurar «que seja prestada toda a informação aos demais membros do conselho de administração relativamente à actividade e às deliberações da comissão executiva»[127]. Sublinhe-se: «toda a informação» relativamente à actividade da comissão executiva abrange *toda* a actividade; «toda a informação» relativamente às deliberações da comissão executiva abrange *todas* as deliberações. E os restantes membros do conselho de administração devem verificar se esse dever foi cumprido.

Veja-se que o dever em causa do presidente da comissão executiva deve ser cumprido *relativamente aos restantes membros do conselho* e não apenas ao conselho. Não basta que a informação seja feita chegar ao presidente do conselho de administração, por exemplo. Mas, se uma informação é solicitada por um dos restantes membros do conselho, o presidente da comissão executiva deve assegurar que ela é prestada também aos restantes.

Se o presidente da comissão executiva assegurou a prestação de informação aos restantes administradores, estes devem verificar se a informação que lhes chegou «relativamente à activi-

---

[126] Art. 64.º, 1, *a*).
[127] Se não há comissão executiva, cada administrador-delegado fica onerado com este dever.

dade e às deliberações da comissão executiva»[128] *permite ou não exercer o seu dever de vigilância geral*. E, se não permite, devem pedir o que falta[129]. Um tal pedido deve ser apresentado ao presidente da comissão executiva. Na falta de resposta, deve tal comportamento ser apreciado pelo conselho de administração[130]. Pelo exposto se vê que os restantes administradores não podem adoptar uma atitude puramente passiva perante a informação que lhes chega. Os deveres de cuidado não o permitem.

Isso não significa, obviamente, que os restantes membros do conselho de administração tenham, necessariamente, que partir do princípio de que a informação prestada relativamente à actividade e às deliberações da comissão executiva e por iniciativa do presidente da comissão executiva não é completa ou verdadeira. Só que também não é possível dizer que os restantes administradores podem confiar cegamente naquela informação. Têm, isso sim, que observar os *deveres de cuidado* na análise do que lhes chega, em cumprimento também de um dever de vigilância geral.

---

[128] Defendendo que os restantes administradores podem «fare affidamento su quanto riferito dai delegati, salvo che specifici fatti o specifiche circostanze possano far *ragionevolmente* sorgere in loro il dubbio sull'atendibilità e/o completezza delle informazioni ricebute, o di cio i medesimi siano concretamente a conoscenza», ALESSANDRA ZANARDO, *Delega di funzioni e diligenza degli amministratori nella società per azioni*, cit., p. 111.

[129] Este é um dos pontos mais sensíveis. Os administradores que não são delegados ou membros da comissão executiva devem verificar o que lhes chega às mãos para concluírem se têm ou não que pedir alguma coisa mais. No ponto 11.27 do Relatório Higgs (*Review of the role and effectiveness of non-executive directors*, 2003), por exemplo, podia precisamente ler-se que «Non-executive directors should not hesitate in seeking clarification or amplification where necessary».

[130] As rotinas (ou protocolos) para o fornecimento de informações deveriam merecer mais atenção por parte do legislador.

Aqui chegados, justifica-se perguntar se os restantes membros do conselho de administração podem ou não participar nas reuniões da comissão executiva[131]. Julgamos que sim. Atendendo ao dever de vigilância geral que recai sobre os outros administradores, estes podem participar nas reuniões da comissão executiva, devendo solicitá-lo ao respectivo presidente.

No que diz respeito aos administradores membros da comissão de auditoria, o próprio art. 423.º-G, 1, c), estabelece que aqueles têm o dever de «participar nas reuniões da comissão executiva onde se apreciem as contas do exercício». Mas isso não significa que estejam impedidos de participar nas reuniões em que se apreciem outros assuntos. Até porque, como já vimos, o art. 421.º, 1, d), confere ao fiscal único, ao revisor oficial de contas ou a qualquer membro do conselho fiscal, «conjunta ou separadamente», o poder de «assistir às reuniões da administração, sempre que o entendam conveniente». Não teria sentido que os membros da comissão de auditoria estivessem destituídos de poder idêntico apesar de todas as competências que resultam do art. 423.º-F. E nas «reuniões da administração» podem ser incluídas as reuniões da comissão executiva.

A existência do dever de vigilância geral pode, porém, conduzir a que os outros administradores não queiram aprofundar aquilo que sabem sobre a gestão da sociedade. Quanto mais souberem, pior para eles. E a verdade é que, cumprindo tão só o seu dever de vigilância geral, os administradores podem não chegar a ter conhecimento de actos ou omissões dos delegados ou membros da comissão executiva, ou do propósito de os praticar ou omitir.

---

[131] Considerando que os restantes administradores podem participar quando queiram, PRISCILLA PETTITI, «Struttura del comitato esecutivo e responsabilità solidale del consiglio», cit., p. 103.

Em determinados casos deve aceitar-se que o dever de vigilância geral abrange a análise de certos actos em concreto. Pelo menos, quando estes sejam de tal relevo que influenciem o destino da sociedade[132].

A delegação implica para os restantes membros do conselho de administração uma mudança quanto ao dever de vigilância sobre a actividade dos outros membros do conselho. Um dever de vigilância que não era geral passou a ser apenas geral. Nessa medida, não nos parece adequado dizer que a vigilância sai reforçada através da delegação. Não é tanto esse o objectivo da delegação, mas sim o de agilizar as decisões e a actividade da sociedade[133], concentrando tarefas em quem tem mais competência, disponibilidade ou vocação para as enfrentar.

A afirmação da responsabilidade dos outros administradores pela vigilância geral da actuação dos administradores-delegados ou dos membros da comissão executiva não significa que aquela responsabilidade exista sem nexo causal. Pelo contrário, deve exigir-se que a omissão do dever de vigilância tenha sido (também) causa do dano.

4. A independência dos administradores não executivos e o dever de vigilância geral

Para que os restantes membros do conselho de administração possam cumprir o seu dever de vigilância geral da actividade dos

---

[132] Nesse sentido, para a Itália, ORESTE CAGNASSO, *Gli organi delegati nella società per azioni*, cit., p. 97. O autor cita ainda WEIGMANN, *Responsabilità e potere legittimo degli amministratori* (obra que não conseguimos consultar), dizendo que para este autor o dever de vigilância abrangeria um acto isolado «quando esso sia tale da influire sulle sorti dell'ente sociale».

[133] Nesse sentido, PRISCILLA PETTITI, «Struttura del comitato esecutivo e responsabilità solidale del consiglio», cit., p. 99.

administradores-delegados e dos membros da comissão executiva é também importante que o queiram fazer. Adquire aí especial relevo a garantia da independência daqueles outros membros do conselho de administração[134]. Essa independência foi assumida como decisiva no par. II.1.2.2. do *Código de Governo das Sociedades* da CMVM (versão de 2010), onde se lê precisamente que «de entre os administradores não executivos deve contar-se um número adequado de administradores independentes (...) que não pode em caso algum ser inferior a um quarto do número total de administradores». Por sua vez, a Recomendação II.1.3.1. acrescenta, entre outras coisas, que o presidente da comissão de auditoria «deve ser independente e possuir as competências adequadas ao exercício das respectivas funções».

A preocupação com o controlo dos administradores-delegados e dos membros da comissão executiva pelos restantes administradores manifestou-se também na Recomendação da Comissão de 15 de Fevereiro de 2005, «relativa ao papel dos administradores não executivos ou membros do conselho de supervisão de sociedades cotadas e aos comités do conselho de administração ou de supervisão». Logo no Considerando (3) era realçada a «vital importância» dos administradores não executivos na «supervisão dos administradores executivos e dos membros da comissão executiva» com vista a «restabelecer a confiança nos mercados financeiros». Na Recomendação 5, em

---

[134] Sobre o tema, cfr., por todos, RUI DE OLIVEIRA NEVES, «O administrador independente», in AAVV, *Código das Sociedades Comerciais e Governo das Sociedades*, Almedina, Coimbra, 2008, p. 143 e ss., COUTINHO DE ABREU, *Governação das sociedades comerciais*, 2.ª ed., cit., p. 81 e ss. e PAULO OLAVO CUNHA, «Independência e inexistência de incompatibilidades para o desempenho de cargos sociais», *I Congresso Direito das Sociedades em Revista*, Almedina, Coimbra, 2011, p. 259 e ss..

especial, o papel dos administradores independentes não executivos é igualmente sublinhado. O Anexo II chega ao ponto de apresentar um «Perfil dos administradores não executivos ou membros do conselho de supervisão independentes».

Também no CSC encontramos reflexos desta preocupação com a independência dos administradores não executivos. Assim, quanto aos administradores que são *membros da comissão de auditoria*, os n.ᵒˢ 4 e 5 do art. 423.º-B obrigam a fazer a seguinte distinção: nas «sociedades emitentes de valores mobiliários admitidos à negociação em mercado regulamentado e nas sociedades que cumpram os critérios referidos na alínea *a*) do n.º 2 do artigo 413.º», pelo menos um deles deve ser independente; tratando-se de sociedades «emitentes de acções admitidas à negociação em mercado regulamentado», a maioria dos membros da comissão de auditoria deve ser independente.

A independência de que estamos a falar avalia-se nos termos do disposto no art. 414.º, 5. É independente «a pessoa que não esteja associada a qualquer grupo de interesses específicos na sociedade nem se encontre em alguma circunstância susceptível de afectar a sua isenção de análise ou de decisão, nomeadamente em virtude de: *a*) Ser titular ou actuar em nome ou por conta de titulares de participação qualificada igual ou superior a 2% do capital social da sociedade; *b*) Ter sido reeleita por mais de dois mandatos, de forma contínua ou intercalada».

5. O dever de provocar a intervenção do conselho de administração

Se os restantes membros do conselho de administração tiveram conhecimento do acto ou omissão do administrador-delegado ou do propósito de o praticar, e não provocarem a intervenção do conselho para tomar as medidas adequadas, podem ser responsabilizados «nos termos da lei». O conhecimento referido tem as consequências descritas ainda quando ocorreu relativamente a algo que não poderia ter sido conhecido com o simples cumprimento do dever de vigilância geral.

O dever de provocar a intervenção do conselho de administração que recai sobre os membros do conselho de administração no que diz respeito aos actos ou omissões dos administradores-delegados pode existir quer antes, quer depois do acto ou da omissão terem lugar.

No que diz respeito ao dever de actuação preventiva, isto é, ao dever de provocar a intervenção do conselho antes da prática do acto ou da omissão, a sua existência decorre do teor do n.º 8 do art. 407.º do CSC: aí se faz referência ao propósito de *praticar* o acto. Por identidade de razão, o mesmo regime vale no que diz respeito ao propósito de *omitir* o acto.

O dever de provocar a intervenção do conselho de administração conferirá ao membro do conselho de administração o direito de, por si só, convocar uma reunião deste órgão? Permitimo-nos duvidar que assim seja[135]. Vejamos porquê.

A convocação das reuniões do conselho de administração compete ao presidente do conselho ou a dois administradores. Essa convocação, de acordo com a que parece ser a melhor doutrina, não necessita sequer de conter a ordem do dia[136]. Provocar a intervenção do conselho de administração significa, tanto quanto alcançamos, solicitar aquela convocação e, no decurso da reunião, colocar as questões e procurar desencadear uma actuação.

---

[135] Mas veja-se, com outra opinião, PEDRO MAIA, *Função e funcionamento do conselho de administração da sociedade anónima*, cit., p. 272, nota 327.

[136] PEDRO MAIA, *Função e funcionamento do conselho de administração da sociedade anónima*, cit., p. 275.

Mas se o membro do conselho de administração que tem o dever de provocar a intervenção do conselho não pode sozinho convocar o conselho (porque não é o presidente do conselho de administração), já pode dar a conhecer o que sabe a outro membro do conselho, que assim também fica obrigado a provocar a intervenção deste órgão para não correr o risco de ser responsabilizado por eventuais prejuízos. E, claro está, dois administradores já podem convocar o conselho de administração.

Reunido o conselho de administração, as medidas adequadas a tomar poderão ser de várias ordens: poderá, por exemplo, tomar deliberações sobre as matérias delegadas (o conselho de administração tem aí competência concorrente), proceder à revogação ou modificação da delegação (o conselho nomeia os delegados e é também o conselho que revoga a delegação), ou requerer ao presidente da mesa da assembleia geral que convoque uma assembleia (art. 375.º, 1) para destituir o administradordelegado[137].

Mais duvidosa é a possibilidade de o conselho de administração dirigir ordens ou instruções aos administradores-delegados ou à comissão executiva[138]. Dir-se-á, contra essa possibilidade, que estamos perante dois órgãos com competências concorrentes. Mas o art. 407.º, 8, prevê a possibilidade de o conselho de administração tomar as medidas adequadas perante actos ou omissões dos administradores-delegados ou da comissão exe-

---

[137] Sobre os meios ao dispor do conselho de administração, cfr. ORESTE CAGNASSO, *Gli organi delegati nella società per azioni*, cit., p. 111; ISABELLA MAFFEZZONI, *Contributo allo studio del comitato esecutivo nelle società per azioni*, cit., p. 238 e ss..

[138] O art. 2381., 3, do *Codice Civile*, na versão pós-reforma de 2003, estabelece que o conselho de administração «può sempre impartire direttive algi organi delegati [...]». Mas a doutrina discute em que medida os delegados estão vinculados a essas «direttive»: cfr. ALESSANDRA ZANARDO, *Delega di funzioni e diligenza degli amministratori nella società per azioni*, cit., p. 63, nota 31.

cutiva. E dentro dessas medidas julgamos que cabem as referidas ordens ou instruções. Até porque, se não houver delegação, cada membro do conselho de administração fica obrigado a cumprir as deliberações (existentes, válidas, eficazes) do conselho. Não teria sentido que os administradores-delegados ou os membros da comissão executiva não ficassem obrigados a fazer o mesmo.

Nos casos em que os actos praticados pelos administradores--delegados já vincularam a sociedade perante terceiros, há que ter em atenção que, em face do disposto no n.º 2 do art. 408.º, a sociedade poderá estudar os meios que tenha disponíveis para alcançar a extinção da relação jurídica que se tenha constituído, sem prejuízo da eventual responsabilidade dos administradores--delegados perante a sociedade.

Refira-se ainda que, tendo algum administrador-delegado omitido a prática de acto a que estivesse obrigado, pode existir para outro administrador-delegado que tenha competência concorrente a obrigação de praticar o acto omitido.

A violação do dever de vigilância geral não terá permitido tomar conhecimento do acto ou omissão do administrador--delegado ou do propósito de o praticar. E por isso os restantes administradores não estavam em condições de provocar a intervenção do conselho para tomar as medidas adequadas. Mas, por outro lado, é importante verificar se o cumprimento do dever de vigilância geral teria permitido tomar conhecimento do acto ou omissão ou do propósito de o praticar.

Quando, porém, a intervenção do conselho de administração se verifique, pode dar-se o caso de este não tomar as medidas adequadas mas sim outras. Importa então lembrar o teor do art. 72.º, 3, do CSC, do qual decorre que os danos resultantes das deliberações colegiais tomadas só não responsabilizam os administradores «que nela não tenham participado ou hajam votado vencidos, podendo neste caso fazer lavrar no prazo de cinco dias a sua declaração de voto, quer no respectivo livro de actas, quer em escrito dirigido ao órgão de fiscalização, se o houver, quer perante notário ou conservador».

6. Os deveres dos restantes membros do conselho como deveres individuais

Referimos que os membros do conselho de administração que não são delegados quanto à matéria em causa têm um dever de vigilância geral e um dever de provocar a intervenção do conselho de administração. Esses são deveres individuais de cada um dos membros do conselho de administração[139], e não deveres do conselho de administração como tal. É o que se extrai do n.º 8 do art. 407.º («os outros administradores são responsáveis [...]»).

E é justamente porque estamos a falar de deveres individuais que o presidente da comissão executiva deve «assegurar que seja prestada toda a informação aos demais membros do conselho de administração relativamente à actividade e às deliberações da comissão executiva»: al. *a*) do art. 407.º, 6. Tal dever existe independentemente de solicitação de tais informações. Por ana-

---

[139] No mesmo sentido quanto ao dever de vigilância, MARIA ELISABETE RAMOS, *Responsabilidade civil dos administradores e directores de sociedades anónimas perante os credores sociais*, cit., p. 119; ISABEL MOUSINHO DE FIGUEIREDO, «O administrador-delegado (A delegação de poderes de gestão no Direito das Sociedades)», cit., p. 585; para a Itália (e embora o tema seja discutido), p. ex., ANGELO PESCE, *Amministrazione e delega di potere amministrativo nella società per azioni*, cit., p. 92; ORESTE CAGNASSO, *Gli organi delegati nella società per azioni*, cit., p. 93 e ss.; BORGIOLI, *L'amministrazione delegata*, cit., p. 264. Julgamos, porém, que mesmo o dever de provocar a intervenção do conselho de administração é um dever individual de cada um dos outros administradores (quando verificados os pressupostos legalmente consagrados). Ao falarmos de deveres individuais acabamos por ficar perante outro problema: o de saber se o art. 407.º, 8, apenas vale quanto à responsabilidade para com a sociedade.

logia, quando não haja comissão executiva, cada administrador-delegado deve garantir que aquela informação é prestada aos restantes membros do conselho de administração.

No cumprimento do dever de vigilância geral e do dever de provocar a intervenção do conselho terão os outros membros do conselho de administração de actuar com o cuidado que é exigido pelo art. 64.º, 1, *a*) do CSC: «revelando a disponibilidade, a competência técnica e o conhecimento da actividade da sociedade adequados às suas funções e empregando nesse âmbito a diligência de um gestor criterioso e ordenado» (sem esquecer, obviamente, o dever de lealdade)[140]. Tal critério de diligência constituirá um precioso auxiliar na tentativa de determinar se os administradores que não são delegados ou membros da comissão executiva cumpriram os seus deveres de vigilância geral e de provocar a intervenção do conselho de administração.

Pode até suceder que o administrador-delegado que praticou um acto causador de dano não seja responsável porque actuou sem culpa e, ainda assim, sejam responsáveis os restantes membros do conselho de administração que não são delegados ou membros da comissão executiva.

Os administradores que não são delegados ou membros da comissão executiva são responsáveis pela vigilância geral da actuação do administrador ou administradores-delegados ou da comissão executiva. Mas essa responsabilidade existe quando a actuação ou omissão dos administradores-delegados ou dos membros da comissão executiva tiver causado prejuízos à sociedade.

---

[140] Já muito se escreveu sobre o art. 64.º, na versão de 2006. Sobre o tema, cfr., p. ex., COUTINHO DE ABREU, «*Corporate governance em Portugal*», cit., p. 30 e ss.; RICARDO COSTA/GABRIELA FIGUEIREDO DIAS, «Artigo 64.º», in *Código das Sociedades Comerciais em Comentário*, (coord. de Coutinho de Abreu), vol. I, Almedina, Coimbra, 2010, p. 721-758, com numerosas referências.

No que se refere à responsabilidade pelo incumprimento do dever de provocar a intervenção do conselho, aquela está relacionada com o conhecimento de actos ou omissões do administrador ou administradores-delegados ou da comissão executiva que causaram prejuízos.

Mas a responsabilidade dos restantes administradores pela vigilância geral parece dizer respeito a casos em que aqueles *não tiveram conhecimento* dos actos ou omissões dos delegados ou membros da comissão executiva, ou do propósito de os praticar ou omitir.

Se os membros do conselho de administração que não são delegados nem membros da comissão executiva violam o dever de vigilância geral ou o dever de provocar a intervenção do conselho podem ser responsabilizados. Essa responsabilidade é solidária, nos termos do art. 72.º, 1: solidária entre eles, antes de mais. Mas solidária também relativamente à responsabilidade dos delegados. Isto é assim porque é o próprio art. 407.º, 8, a estabelecer que os restantes administradores «são responsáveis, nos termos da lei» (e, portanto, também nos termos do disposto no art. 73.º).

Se foi violado o dever de vigilância geral ou o dever de provocar a intervenção do conselho, há ou não lugar à aplicação do art. 72.º, 2 do CSC?

Concordamos com aqueles que consideram que tal preceito não é aplicável quando estamos perante deveres que não deixam espaço de liberdade ou discricionariedade[141].

Ora, essa liberdade ou discricionariedade não existe, na nossa opinião, quanto ao dever de provocar a intervenção do conselho. Em relação a esse dever não há, pois, lugar para a aplicação do art. 72.º, 2.

---

[141] Sobre estes, COUTINHO DE ABREU, «*Corporate governance* em Portugal», cit., p. 32.

Mas será possível dizer o mesmo quanto ao dever de vigilância geral? É certo que alguma margem existe na apreciação que os restantes administradores terão que efectuar relativamente aos actos ou omissões dos delegados ou dos membros da comissão executiva.

Contudo, se limitarmos o âmbito de aplicação do art. 72.º, 2, às decisões empresariais[142], não parece que o cumprimento do dever de vigilância geral se traduza em decisões daquele tipo.

Além disso, o dever de vigilância geral é violado quando os restantes administradores não tomaram conhecimento de actos ou omissões dos delegados ou dos membros da comissão executiva prejudiciais para a sociedade e, dessa forma, não estavam em condições de provocar a intervenção do conselho.

Mas, para que exista violação do dever de vigilância geral, é necessário algo mais: é necessário que se possa concluir que os restantes administradores deviam ter conhecido o acto ou omissão em causa pelas informações de que já dispunham ou que deviam obter. Vejamos cada uma das hipóteses em separado.

(i) Os restantes administradores violam o dever de vigilância geral porque pelas informações de que dispunham deviam ter conhecido o acto ou omissão – neste caso, a informação de que os restantes administradores dispunham devia tê-los levado a provocar a intervenção do conselho. Não é desta informação que se trata no art. 72.º, 2 («A responsabilidade é excluída [...] provar que actuou em termos informados»). Os restantes administradores actuaram em termos informados mas a informação

---

[142] MARIA ELISABETE RAMOS, *O seguro de responsabilidade civil dos administradores. Entre a exposição ao risco e a delimitação da cobertura*, Almedina, Coimbra, 2010, p. 156.

de que dispunham devia ter provocado outra actuação. Logo, respondem nos termos da lei.

(ii) Os restantes administradores violam o dever de vigilância geral porque pelas informações de que dispunham deviam ter pedido mais informações que lhes teriam permitido conhecer o acto ou omissão. Neste caso, concluído que não tinham todas as informações que deviam ter, não actuaram «em termos informados»: também respondem nos termos da lei.

Relativamente às matérias que não foram objecto de delegação – não são matérias de gestão corrente, são matérias indelegáveis ou não houve delegação[143] –, o regime da responsabilidade dos restantes membros do conselho de administração é o mesmo que existia antes da delegação.

Dir-se-á: o regime é muito duro para com os restantes membros do conselho de administração. Pois é. Mas isso está em consonância com o modelo seguido na lei: o de um conselho de administração como órgão de gestão, mais do que de controlo[144].

7. Os administradores membros da comissão de auditoria

7.1. *Um outro órgão da sociedade*

As sociedades anónimas podem hoje ter um conselho de administração com comissão de auditoria e ainda um revisor

---

[143] Sobre esta repartição, COUTINHO DE ABREU, *Governação das sociedades comerciais*, 2.ª ed., cit., p. 104.

[144] Para uma contraposição entre o *managing board model* e o *monitoring board model*, cfr. FRANCESCO BARACHINI, *La gestione delegata nella società per azioni*, cit., p. 64, nota 99.

oficial de contas. É uma das alternativas previstas no art. 278.º do CSC. A inclusão de uma comissão de auditoria no órgão de administração era conhecida noutros países[145]. O legislador

---

[145] Nos EUA, como informa GUILLERMO GUERRA MARTÍN, *El Gobierno de las Sociedades Anónimas Cotizadas Estadounidenses*, Thomson/Aranzadi, Cizur Menor, 2003, p. 390, estão identificados comités de auditoria em sociedades desde os anos 20 do século passado. No início do século XXI, a Lei Sarbanes-Oxley deu considerável atenção ao *audit committe*. No dizer de ROBERTA ROMANO, *The Sarbanes-Oxley Act and de Making of Quack Corporate Governance*, 2004, p. 14, os pormenores que foram objecto da atenção do legislador (responsabilidade, competências, deveres) foram «far beyond what had been existing corporate law». Sobre o *audit committee*, a importância que lhe foi dada pelo *Cadbury Committee* e bem assim pelas *Listing Rules*, L. GOWER/P. DAVIES/D. PRENTICE, *Gower's Principles of Modern Company Law*, Sweet & Maxwell, London, 1997, p. 194. Cfr. tb. *The Smith Guidance on Audit Committees* e a *Section C.3. do Combined Code on Corporate Governance*. Na Itália, o *Codice Civile* permitiu, com a reforma de 2003, que o estatuto da sociedade anónima viesse prever «che l'amministrazione ed il controllo siano esercitati rispettivamente dal consiglio di amministrazione e da un comitato costituito al suo interno» (art. 2409-*sexiesdecies*), sendo este último um «comitato per il controllo sulla gestione» (art. 2409-*octiesdecies*). Quanto ao *comité de auditoría* das sociedades anónimas «cotizadas» do direito espanhol, cfr. VELASCO SAN PEDRO, «El Comité de Auditoría», AAVV., *Derecho de sociedades anónimas cotizadas*, Thomson/Aranzadi, Cizur Menor, 2005, p. 1087 e ss., FERNANDO SÁNCHEZ CALERO, *Los administradores en las sociedades de capital*, cit., p. 745 e ss.. Para a Alemanha, relativamente ao *Prüfungsausschuss* que deve ser criado no *Aufsichtsrat* das sociedades cotadas, cfr. o ponto 5.3.2. do *Deutscher Corporate Governance Kodex*. Considerando que «devem ser criados comités de nomeação, de remuneração e de auditoria no âmbito do conselho de administração ou de supervisão, sempre que este desempenhe um papel nos domínios da nomeação, da remuneração e da auditoria por força da legislação nacional», cfr. a Recomendação n.º 5 da Recomendação da Comissão de 15 de Fevereiro de 2005 relativa ao papel dos administradores não executivos ou membros do conselho de supervisão de sociedades cotadas e aos comités do conselho de administração ou de supervisão. Sobre as questões que se colocavam antes de 2006 quanto à possibilidade de criação de comités de auditoria, COUTINHO DE ABREU, *Gover-*

nacional teve o propósito de aumentar as escolhas disponíveis para tornar mais atractivo o regime jurídico português e para facilitar a actuação de sociedades com acções admitidas à negociação nos mercados de países onde a referida modalidade seja mais conhecida[146] ou onde seja exigida a existência daquela comissão[147].

As sociedades que adoptem a modalidade em causa terão, dentro do conselho de administração, uma comissão de auditoria que é, ela própria, um outro órgão da sociedade[148].

Os membros da comissão de auditoria são considerados membros do conselho de administração. O n.º 1 do art. 423.º-B revela que na comissão de auditoria estará uma parte dos membros do conselho.

Poderia pensar-se que, assim sendo, primeiro tinha lugar a designação para o conselho e, só depois, de entre os membros do conselho, a designação para a comissão de auditoria. Mas não é assim.

Na verdade, o n.º 1 do art. 423.º-C torna claro que os membros da comissão de auditoria são logo designados em conjunto com os demais administradores. O n.º 2 do mesmo art. 423.º-C acrescenta que as listas para o conselho devem logo discriminar

---

nação das sociedades comerciais, 2.ª ed., cit., p. 107 e ss.. Para um estudo comparativo, KLAUS HOPT, «Modern Company and Capital Market Problems Improving European Corporate Governance after Enron», *Law Working Papers*, 5/2002, in www.ecgi.org/wp.

[146] Cfr. o texto «Governo das sociedades anónimas: propostas de alteração ao Código das Sociedades Comerciais. Processo de consulta pública n.º 1//2006», CMVM, Janeiro de 2006, p. 12 (consultado em www.cmvm.pt).

[147] Dando conta, por exemplo, da exigência de um comité de auditoria para as «empresas estrangeiras admitidas à cotação no NYSE», Livro Branco sobre *Corporate Governance* em Portugal, p. 61, nota 76.

[148] É o próprio art. 423.º-B do CSC que, no seu n.º 1, chama à comissão de auditoria «órgão da sociedade».

quais os membros que deverão integrar a comissão de auditoria.

Do exposto resulta que:

a) A comissão de auditoria não surge através de uma mera repartição interna de funções no seio do conselho de administração;
b) A comissão de auditoria não surge por meio de uma delegação de funções;
c) Os membros da comissão não são meros mandatários ou representantes da sociedade ou do conselho de administração.

7.2. *Os membros da comissão de auditoria não podem ter funções executivas*

Os membros da comissão de auditoria são, também, administradores, mas não podem exercer funções executivas[149]. Não podem exercer funções executivas nem como administrador-delegado ou membro da comissão executiva, nem como membro do conselho de administração[150].

Mas o que deveremos entender por funções «executivas»?

---

[149] Cfr. o n.º 3 do art. 423.º-B do CSC. No Anexo I da Recomendação da Comissão de 15 de Fevereiro de 2005 relativa ao papel dos administradores não executivos ou membros do conselho de supervisão de sociedades cotadas e aos comités do conselho de administração ou de supervisão pode ler-se que o «comité de auditoria deve ser exclusivamente composto por administradores não executivos ou membros do conselho de supervisão».

[150] A exclusão do exercício de funções executivas como membro do conselho de administração não tem um sentido claro. Pelo menos, quanto à fase deliberativa.

Impõe-se analisar o problema seguindo dois eixos. Em primeiro lugar, há que perguntar se serão funções *executivas* apenas as de *execução* de decisões do conselho de administração ou da comissão executiva ou também as de *deliberação*. Em segundo lugar, importa saber se as funções executivas são apenas as que dizem respeito a *certas matérias* e quais são elas.

As palavras em causa deixam dúvidas acerca do seu sentido também por comparação com a designação dada ao órgão de administração das sociedades anónimas com conselho de administração «executivo». A palavra «executivo», aqui, parece abranger a gestão e a representação, como se retira da leitura do art. 431.º.

Não é tudo isso que está em causa na proibição de exercer funções executivas que recai sobre os membros da comissão de auditoria. As funções executivas que os membros da comissão de auditoria não podem exercer são outras.

Com efeito, parece-nos que é mais forte a proximidade com o que a lei prevê para as comissões executivas. É nas sociedades anónimas com conselho de administração que podem surgir as comissões executivas. E a comissão de auditoria surgirá integrada no conselho de administração.

Ora, a propósito da comissão executiva o n.º 3 do art. 407.º dá a entender que as funções executivas da comissão executiva só podem abranger a «gestão corrente» da sociedade[151].

É frequente dizer-se que a gestão corrente é a gestão quotidiana, a gestão do dia-a-dia. Coutinho de Abreu entende-a como a que se traduz na prática dos actos «técnico-operativos quotidianos»[152]. Por aqui se vê que a proibição do exercício de

---

[151] Também a Recomendação da Comissão de 15 de Fevereiro de 2005 acima identificada considerava administrador executivo o que estava encarregado da gestão corrente da sociedade.

[152] COUTINHO DE ABREU, *Governação das sociedades comerciais*, 2.ª ed., cit., p. 38.

funções executivas não implica afastar os membros da comissão de auditoria da actividade deliberativa e de representação do conselho de administração.

Podem então os membros da comissão de auditoria tomar parte em deliberações do conselho de administração? Julgamos que podem[153].

É óbvio que podem participar nas reuniões do conselho de administração: têm até o dever de participar nessas reuniões, como resulta da al. *b)* do n.º 1 do art. 423.º-G. E podem até votar sobre matérias de administração da sociedade. Contudo,

---

[153] Parece ser outra a leitura que, na Itália, alguns autores fazem do estatuto dos membros do «comitato per il controllo sulla gestione». Estes não podem ser membros do comité executivo nem ser administradores-delegados ou especialmente encarregados, e não podem ter, «anche di mero fatto, funzioni attinenti alla gestione dell'impresa sociale o di società che la controllano o ne sono controllate» (art. 2409-*octiesdecies*/2). Daí se tem retirado que estão excluídos da gestão «nella maniera più netta possibile. Di conseguenza, sarebbe necessario escluderli anche dal calcolo dei detti *quorum* consiliari, sai costitutivi, sai deliberativi»: cfr. PAOLO VALENSISE, *La riforma delle società*, I, a c. di MICHELE SANDULLI/VITTORIO SANTORO, G. Giappichelli, Torino, 2003, p. 736, acrescentando, a p. 748, que os membros daquele *comitato* «non potranno assumere direttamente (né partecipare all'adozione del)le determinazioni che gli amministratori non esecutivi possono prendere». Com opinião aparentemente diferente, considerando que os membros do comité de controlo da gestão «votano nelle deliberazioni consiliari», FRANCESCO GALGANO, *Trattato di diritto commerciale e di diritto pubblico dell'economia*, vol. 29, *Il nuovo diritto societario*, Cedam, Padova, 2003, p. 304; por sua vez, FRANCO BONELLI, *Gli amministratori di s.p.a. dopo la riforma delle società*, Giuffré, Milano, 2004, p. 285, depois de afirmar que os membros do comité de controlo da gestão podem participar no conselho, na discussão dos pontos da ordem do dia e na votação, apenas parece afastar o exercício *individual* de funções de gestão por aqueles, mas já não tal exercício no quadro do próprio conselho de administração. Tendo em conta esta discussão, o legislador nacional bem podia ter resolvido a questão com algumas palavras mais.

se não podem exercer funções executivas, apenas podem deliberar quanto a matérias de administração que não sejam sobre gestão corrente[154]. E não podem também deliberar sobre matérias delegadas ou delegáveis. Essas últimas (as delegáveis) são matérias que a lei considera da possível competência da comissão executiva e, por isso, serão matérias de carácter «executivo».

Sobre essas matérias delegáveis, há que dizer que custa muito aceitar a enumeração feita pelo legislador. Por exemplo, diz a lei que é delegável a matéria prevista na alínea *j*): estabelecimento ou cessação de cooperação duradoura e importante com outras empresas. Cooperação duradoura e importante com outras empresas é matéria de gestão corrente?

Coutinho de Abreu propõe uma nova leitura do disposto no n.º 4 do art. 407.º. Para aquele Professor devem ser consideradas insusceptíveis de delegação «também as matérias indicadas nas als. *e*) e *g*) a *j*)» do art. 406.º[155]. E isto porque as als. *g*), *h*), *i*) e *j*) foram introduzidas no art. 406.º do CSC por influência da 5.ª Directiva. Mas nessa Directiva aquelas eram, precisamente, matérias indelegáveis, o mesmo se passando com as matérias contidas na al. *e*) daquele art. 406.º.

Por outro lado, também não podem os membros da comissão de auditoria deliberar sobre tudo o que é indelegável. Para chegarmos a essa conclusão, basta ler o que o n.º 4 do art. 407.º do CSC considera indelegável. Custa a aceitar, por exemplo, que os membros da comissão de auditoria possam deliberar sobre prestação de cauções e garantias pessoais ou reais pela sociedade. São matérias previstas na al. *f*) do art. 406.º do CSC e são matérias indelegáveis. No entanto, apesar de serem matérias indele-

---

[154] Mas veja-se o que se escreve na nota anterior, em particular quanto à posição de Bonelli relativamente às soluções do direito italiano.
[155] COUTINHO DE ABREU, *Governação das sociedades comerciais*, 2.ª ed., cit., p. 39.

gáveis, não parece que sejam matérias sobre as quais os administradores da comissão de auditoria possam deliberar no conselho de administração, atendendo a que lhes estão proibidas funções executivas.

Também parece excluído, logo à partida, que os membros da comissão de auditoria possam ter funções de representação da sociedade em execução de deliberações do conselho ou da comissão executiva relativas a matéria de «gestão corrente».

O que é que então sobra que possa constituir matéria sobre a qual os membros da comissão de auditoria podem deliberar, como membros do conselho de administração? Sobra a definição da estratégia da sociedade; sobra a deliberação quanto ao quadro geral para a execução ou cumprimento dessa estratégia, designadamente quanto à identificação dos meios financeiros para tal; sobra a deliberação de delegação, com os respectivos limites; sobra a escolha do presidente do conselho e a cooptação de administradores; sobre o controlo do cumprimento da lei e do contrato de sociedade[156].

Perguntar-se-ão alguns se não é estranho que os membros da comissão de auditoria deliberem sobre matérias de administração como membros do conselho de administração, indo depois fiscalizar a administração como membros da comissão de auditoria.

Na verdade, os membros da comissão de auditoria, como administradores, podem precisamente influenciar a tomada de decisões por parte do conselho de administração. Podem levar o conselho ao bom caminho. E se o não conseguem, devem lembrar-se do n.º 3 do art. 72.º: «Não são igualmente responsáveis pelos danos resultantes de uma deliberação colegial os gerentes

---

[156] Contrapondo os actos de «alta direcção» aos de execução ou desenvolvimento da mesma, incluindo nestes os de «gestão corrente», COUTINHO DE ABREU, *Governação das sociedades comerciais*, 2.ª ed., cit., p. 38.

ou administradores que nela não tenham participado ou hajam votado vencidos, podendo neste caso fazer lavrar no prazo de cinco dias a sua declaração de voto, quer no respectivo livro de actas, quer em escrito dirigido ao órgão de fiscalização, se o houver, quer perante notário ou conservador».

Esta norma surge a propósito da responsabilidade para com a sociedade. Mas é também para ela que remete o n.º 5 do art. 78.º, quanto à responsabilidade para com os credores sociais. E também é para ela que remete o n.º 2 do art. 79.º, quanto à responsabilidade para com os sócios e terceiros.

Na verdade, o facto de alguns administradores serem membros da comissão de auditoria não exclui, quanto a eles, o regime de responsabilidade dos administradores. Mas, como não podem ter funções executivas, há também que ver, quanto a essas, que deveres violaram, que informações tiveram.

Do ponto de vista da responsabilidade, uma coisa é o estatuto dos membros da comissão de auditoria como administradores, outra coisa é o seu estatuto como membros daquela comissão. Se, como administrador, deliberou ou deixou de deliberar, há que verificar se é ou não responsável.

Mas se, como membro da comissão de auditoria, actuou ou não, também é necessário averiguar se é ou não responsável, agora tendo em conta os seus deveres como membro desse órgão[157].

Vejamos o caso de um administrador membro da comissão de auditoria que contribui com o seu voto para a formação de uma deliberação que vem a causar danos à sociedade. Posterior-

---

[157] Sobre essa responsabilidade, com algum desenvolvimento, CALVÃO DA SILVA, «"Corporate Governance" – Responsabilidade civil de administradores não executivos, da comissão de auditoria e do conselho geral e de supervisão», cit., p. 44 e s.; GABRIELA FIGUEIREDO DIAS, «Artigo 81.º», *Código das Sociedades Comerciais em Comentário* (coord. Coutinho de Abreu), vol. I, Almedina, Coimbra, 2010, p. 923 e ss..

mente, tal deliberação é apreciada pela comissão de auditoria, de que o mesmo administrador faz parte.

Aqui, a actuação do referido membro pode ser pelo menos uma de duas: ou arrepia caminho e procura corrigir o erro (agora) enquanto membro da comissão de auditoria (pois um erro nunca deve ser encoberto por outro erro, mas sim corrigido); ou não procura corrigir tal erro, e a sua situação agrava-se, mas agora como membro da comissão de auditoria e tendo em conta os respectivos deveres.

A proibição de exercício de funções executivas pelos membros da comissão de auditoria faz surgir ainda uma outra dúvida.

Que dizer dos casos em que os membros do conselho de administração que são membros da comissão de auditoria praticam um acto de representação da sociedade em matérias executivas? A sociedade fica ou não vinculada por tal acto perante o terceiro?

Entendemos que a sociedade não ficará vinculada. Estaremos, nesse caso, perante um limite legal aos poderes de representação, como aqueles de que trata o n.º 1 do art. 409.º do CSC, e nessa medida é oponível a terceiros[158].

7.3. O exercício de funções pelos membros do conselho de administração com comissão de auditoria

A qualidade de administradores que os membros da comissão de auditoria mantêm faz surgir algumas dificuldades. Se os

---

[158] Sobre os limites legais aos poderes de representação dos administradores de sociedades anónimas, cfr. os nossos estudos intitulados *Os poderes de representação dos administradores de sociedades anónimas*, cit., p. 178 e ss., e, com uma perspectiva um pouco diferente, «Capacidade e representação das sociedades comerciais», *Problemas do direito das sociedades*, Almedina/IDET, Coimbra, 2002, p. 492 e ss..

membros da comissão da auditoria são membros do conselho de administração, contamos com eles para se saber se a deliberação do conselho se deve considerar aprovada? E são também contados para se saber quantos administradores vinculam a sociedade? Trata-se de problemas da maior importância.

Nos casos em que os membros da comissão de auditoria podem tomar parte na deliberação votando, é óbvio que são contados para se saber se houve ou não maioria. Mas o problema é mais difícil de resolver nos casos em que há que deliberar sobre matérias de gestão corrente, tendo em conta que os membros da comissão de auditoria não podem ter funções executivas.

É claro que, se há delegação da gestão corrente, o conselho de administração não irá, em regra, tomar essas deliberações sobre gestão corrente. Mas pode não chegar a haver delegação. Ou, apesar de ter havido delegação, pode o conselho querer deliberar sobre as matérias de gestão corrente porque, nos termos do art. 407.º, 8, mantém competência concorrente.

O problema exposto será mais ou menos difícil de resolver consoante o número total de membros do conselho de administração e o número de membros da comissão de auditoria. É por isso exegível muito cuidado na redacção do contrato de sociedade. Se os membros da comissão de auditoria são necessários para se formar a maioria, então parece que o conselho não pode deliberar sobre matérias da «gestão corrente» da sociedade.

Se os membros da comissão de auditoria são necessários para se formar a maioria, há que prever a possibilidade de delegação. Se assim não for, o conselho de administração fica paralisado quanto à tomada de deliberações sobre matérias de gestão corrente da sociedade.

Também é preciso cuidado na redacção do contrato de sociedade quanto à representação da sociedade. Vamos supor que a sociedade fica vinculada pela maioria dos membros do conselho de administração. Se os membros da comissão de auditoria são necessários para formar essa maioria, então não seria possível praticar actos de representação em matérias executivas. É que os membros da comissão de auditoria não poderiam exercer funções executivas mas a sua colaboração seria necessária para que a sociedade ficasse vinculada.

Daí que o contrato de sociedade deva, relativamente aos actos de carácter executivo, estabelecer que a vinculação da sociedade ocorre pela actuação de um certo número de administradores que permita a representação por quem não pertença à comissão de auditoria. Se o conselho de administração tem cinco membros pertencendo três deles à comissão de auditoria, o contrato de sociedade pode estabelecer que a sociedade fica representada por dois administradores. Claro está que, em matérias de carácter executivo, os dois administradores que vão actuar em representação da sociedade não poderão ser membros da comissão de auditoria.

Poderá até, por exemplo, o contrato de sociedade estabelecer que «a sociedade fica vinculada pelos actos praticados pela maioria dos membros do conselho de administração. Tratando-se de actos de carácter executivo, é necessária a intervenção de 2 administradores que não sejam membros da comissão de auditoria». Pensamos que esta será uma cláusula válida.

De facto, a lei não estabelece uma relação necessária entre o número de membros da comissão de auditoria e o número total de administradores. Seria preferível que essa relação existisse. Como seria preferível que se dissesse claramente o que é que os membros da comissão de auditoria poderiam ou não poderiam fazer na sua veste de administradores.

7.4. *A responsabilidade dos membros da comissão de auditoria*

Os membros da comissão de auditoria são administradores mas, como lhes é vedado o exercício de funções executivas, *não podem ser administradores-delegados nem membros da comissão executiva*. Embora também nisto a lei não seja clara, pensamos ser aquela a única leitura razoável para o n.º 3 do art. 423.º-B.

Ora, os administradores *membros da comissão de auditoria* têm *deveres de vigilância especiais*: deveres que *vão muito além do mero dever de vigilância geral* que se retira do n.º 8 do art. 407.º. E no âmbito daqueles especiais deveres de vigilância os membros da comissão de auditoria respondem nos termos do disposto no art. 81.º do CSC.

No entanto, os membros da comissão de auditoria não deixam de ser administradores. E mantêm deveres inerentes a essa qualidade. Quanto a esses, respondem como administradores[159].

---

[159] Alertando para o facto de nem sempre as linhas separadoras serem claras, GABRIELA FIGUEIREDO DIAS, «Artigo 81.º», cit., p. 929, onde se encontram mais desenvolvimentos.

BIBLIOGRAFIA

ABBADESSA, PIETRO, *La gestione dell'impresa nella società per azioni. Profili organizativi*, Giuffrè, Milano, 1975

ABREU, COUTINHO DE/RAMOS, ELISABETE, «Responsabilidade civil de administradores e de sócios controladores», IDET/Almedina, Coimbra, 2004, p. 7 e ss.

ABREU, COUTINHO DE, *Curso de direito comercial*, II, 3.ª ed., Almedina, Coimbra, 2009

ABREU, COUTINHO DE, «*Corporate governance* em Portugal», Miscelâneas 6, IDET/Almedina, Coimbra, 2010, p. 7 e ss.

ABREU, COUTINHO DE, *Governação das sociedades comerciais*, 1.ª ed., Almedina, Coimbra, 2006 e 2.ª ed., Almedina, Coimbra, 2010

ABREU, COUTINHO DE/RAMOS, MARIA ELISABETE, «Artigo 73.º», in *Código das Sociedades Comerciais em Comentário*, (coord. Coutinho de Abreu), Vol. I, Almedina, Coimbra, 2010, p. 856 e ss.

ANTUNES, ENGRÁCIA, *Os grupos de sociedades*, Almedina, Coimbra, 1993

ARANGUREN URRIZA, FRANCISCO/FERNÁNDEZ-TRESGUERRES GARCÍA, ANA, «La representación de la sociedad anónima», in *Estudios sobre la sociedad anónima*, (dir. Garrido de Palma), Civitas, Madrid, 1991, p. 159 e ss.

BARACHINI, FRANCESCO, *La gestione delegata nella società per azioni*, Giappichelli, Torino, 2008

BARBIERA, LELIO, *Il corporate governance in Europa. Amministrazione e controlli nelle società per azioni in Italia, Francia, Germania e Regno Unito*, Giuffrè, Milano, 2000

BONELLI, FRANCO, *Gli amministratori di società per azioni*, Giuffrè, Milano, 1985

BONELLI, FRANCO, *Gli amministratori di s.p.a. dopo la riforma delle società*, Giuffré, Milano, 2004

BORGIOLI, ALESSANDRO, *L'amministrazione delegata*, Nardini Editore, Firenze, 1986.

BUONAURA, VINCENZO CALANDRA, «Potere di gestione e potere di rappresentanza degli amministratori», in *Trattato delle società per azione*, dir. da G. E. Colombo/G. B. Portale, UTET, Torino, 1991, p. 107 e ss.

CAGNASSO, ORESTE, *Gli organi delegati nella società per azioni. Profili funcionali*, G. Giappichelli, Torino, 1976

CÂMARA, PAULO, «O governo das sociedades e a Reforma do Código das Sociedades Comerciais», AAVV, *Código das Sociedades Comerciais e governo das sociedades*, Almedina, Coimbra, 2008, p. 9 e ss.

CAMPOBASSO, GIAN FRANCO, *Diritto commerciale. 2. Diritto delle società*, 2.ª ed., UTET, Torino, 1993

CARVALHO, ORLANDO DE, *Direito das Coisas (do Direito das Coisas em geral)*, Centelha, Coimbra, 1977

CASELLI, GIOVANNI, «Oggetto sociale e atti *ultra vires*:, dieci anni dopo», *Riv. Soc.*, 25.º, 1980, p. 754 e ss.

CORDEIRO, MENEZES, «Artigo 407.º», in MENEZES CORDEIRO (coord.), *Código das Sociedades Comerciais Anotado*, 2.ª ed., Almedina, Coimbra, 2011, p. 1076 e ss.

CORREIA, BRITO, *Os administradores de sociedades anónimas*, Almedina, Coimbra, 1993

CRISTOBAL-MONTES, ANGEL, *La administración delegada de la sociedad anónima*, Ediciones Universidad de Navarra, Pamplona, 1977

CUNHA, PAULO OLAVO, «Independência e inexistência de incompatibilidades para o desempenho de cargos sociais», *I Congresso Direito das Sociedades em Revista*, Almedina, Coimbra, 2011, p. 259 e ss.

DIAS, GABRIELA FIGUEIREDO, «Artigo 81.º», in *Código das Sociedades Comerciais em Comentário* (coord. Coutinho de Abreu), vol. I, Almedina, Coimbra, 2010, p. 923 e ss.

ESTEBÁN VELASCO, GAUDENCIO, «Modalidades de atribución y ejercicio del poder de representación», *Derecho mercantil de la Comunidad Económica Europea. Estudios en homenaje a José Girón Tena*, Civitas, Madrid, 1991, p. 303 e ss.

FANELLI, GIUSEPPE, *La delega di potere amministrativo nella società per azioni*, Giuffrè, Milano, 1952

FERRI JR., GIUSEPPE, «Le deleghe interne», *Amministrazione e amministratori di società per azioni*, p. 165 e ss.

FIGUEIREDO, ISABEL MOUSINHO DE, «O Administrador-Delegado (A delegação de poderes de gestão no direito das sociedades)», *O Direito*, 137.º, 2005, p. 547 e ss.

FRÈ, GIANCARLO, *L'organo amministrativo nelle società anonime*, Società Editricel del «Foro Italiano», Roma, 1938

FRÈ, GIANCARLO, *Società per azioni*, in ANTONIO SCIALOJA/GIUSEPPE BRANCA (a c. di), *Commentario del Codice Civile*, 5.ª ed., Società Editricel del «Foro Italiano»/Zanichelli, Bologna/Roma, 1982

GALGANO, FRANCESCO, *Trattato di diritto commerciale e di diritto pubblico dell'economia*, vol. 29, *Il nuovo diritto societario*, Cedam, Padova, 2003

GARRIGUES, JOAQUÍN/URIA, RODRIGO, *Comentario a la Ley de Sociedades Anónimas*, t. II, 3.ª ed., revisada, corregida e puesta al dia por Aurelio Menendez y Manuel Olivencia, Madrid, 1976

GONÇALVES, CUNHA, *Comentário ao Código Comercial Português*, I, Empresa Editora José Bastos, Lisboa, 1916

GOWER, L./DAVIES, P./PRENTICE, D., *Gower's Principles of Modern Company Law*, Sweet and Maxwell, London, 1997

GRECO, PAOLO, *Le società nel sistema legislativo italiano*, Giappichelli, Torino, 1959

GUERRA MARTÍN, GUILLERMO, *El Gobierno de las Sociedades Anónimas Cotizadas Estadounidenses*, Thomson/Aranzadi, Cizur Menor, 2003

GUIDA, PAOLO, «Sulla legittimità della nomina del procuratore generale della società di capitali» (anotação à decisão do Tribunal de Milão de 20 de Julho de 1981, *Riv. Not*, 36.º, 1982, II, p. 921 e ss.

HEFERMEHL, W., *Aktiengesetz. Kommentar*, § 78, in Gessler/Hefermehl/ /Eckardt/Kropff, *Aktiengesetz. Kommentar*, Franz Vahlen, München, 1973/74

HERTIG, GERARD, «On-going Board Reforms: One-Size-Fits-All and Regulatory Capture», *Law Working Paper*, 25/2005, www.ecgi.org/wp

HOPT, KLAUS, «Modern Company and Capital Markets Problems. Improving Europeen Corporate Governance after Enron», Law Working Papers, 5/2002, www.ecgi.org/wp

HOUIN, ROGER, «Les pouvoirs des dirigeants des sociétés anonymes et des sociétés a responsabilité limitée et la coordination des législations nationales dans la Communauté Économique Européenne», *RTDE*, 2.º, 1966, p. 307 e ss.

IGLESIAS PRADA, JUAN LUÍS, *Administración y delegación de facultades en la sociedad anónima*, Tecnos, Madrid, 1971

LANGHANS, ALMEIDA, «Poderes de gerência nas sociedades comerciais», *ROA*, 11.º, I/II, p. 139 e ss.

LAURINI, GIANCARLO, «Statuti di società e certezza dei poteri rapresentativi», *Riv. Soc.*, 26.º, 1981, p. 921 e ss.

LAURINI, GIANCARLO, «Legittimazione e rappresentanza nelle società di capitali», *Riv. Soc.*, 29.º, 1984, I, p. 825 e ss.

LAURINI, GIANCARLO, «A propósito dell'opponibilità dei limiti al potere di rappresentanza dell'amministratore delegato», *Giur. Comm.*, 13.º, 1986, II, p. 166 e ss.

MAFFEZZONI, ISABELLA, *Contributo allo studio del comitato esecutivo nell società per azioni*, Giappichelli, Torino, 1998

MAIA, PEDRO, *Função e funcionamento do conselho de administração*, Coimbra Editora/Boletim da Faculdade de Direito, Coimbra, 2002
MARTINS, ALEXANDRE DE SOVERAL, *Os administradores-delegados nas sociedades anónimas*, Fora do Texto, Coimbra, 1998
MARTINS, ALEXANDRE DE SOVERAL, *Os poderes de representação dos administradores de sociedades anónimas*, Coimbra Editora/Boletim da Faculdade de Direito, Coimbra, 1998
MARTINS, ALEXANDRE DE SOVERAL, «Capacidade e representação das sociedades comerciais», *Problemas do direito das sociedades*, Almedina/IDET, Coimbra, 2002, p. 49 e ss.
MINERVINI, GUSTAVO, *Gli amministratori di società per azioni*, Giuffrè, Milano, 1956
NOBILI, «Reunioni e deliberazione del comitato esecutivo», *Riv. Soc.*, 1960, p. 458 e ss.
PEDERZINI, ELISABETTA, «Investitura rappresentativa dell'amministratore delegato di società e opponibilità delle relative limitazioni ai sensi dell'art. 2384/2, c.c.», *Giur. Comm.*, 17.º, 1990, I, p. 613 e ss.
PEREIRA, GONÇALVES, «Objecto social e vinculação da sociedade», *Rev. Not.*, 1987/1, p. 67 e ss.
PESCE, ANGELO, *Amministrazione e delega di potere amministrativo nella società per azioni (comitato esecutivo e amministratore delegato)*, Giuffrè, Milano
PETTITI, PRISCILLA, «Struttura del comitato esecutivo e responsabilità solidale del consiglio», *Amministrazione e amministratori di società per azioni*, Giuffré, Milano, 1995, p. 97 e ss.
POLO, EDUARDO, *Los administradores y el consejo de administración en la sociedad anónima*, in R. URIA/A. MENENDEZ/M. OLIVENCIA (dir.), *Comentario al regímen legal de las sociedades mercantiles*, t. VI, Civitas, Madrid, 1992
PORTALE, GIUSEPPE, «Procura generale conferita a sindaco di società per azioni e rilsacio di cambiali ipotecarie di favore per altra società del gruppo (un caso clínico)», *BBTC*, 50.º, 1987, I, p. 340 e ss.
RAMOS, ELISABETE, *Responsabilidade civil dos administradores e directores de sociedades anónimas perante os credores sociais*, BFD/Coimbra Editora, Coimbra, 2002
RAMOS, ELISABETE, *O seguro de responsabilidade civil dos administradores. Entre a exposição ao risco e a delimitação da cobertura*, Almedina, Coimbra, 2010
RESTAINO, LUCA, «Articolo 2384», in *La riforma delle società. Società per azioni. Società in accomandita per azioni* (a c. di Sandulli/Santoro), T. I, Giappichelli, Torino, 203, p. 426 e ss.
RODRIGUES, DUARTE, *A administração de sociedades por quotas e anónimas. Organização e estatuto dos administradores*, Petrony, Lisboa, 1990

RODRÍGUEZ ARTIGAS, FERNANDO, *Consejeros delegados, comisiones ejecutivas y consejo de administración (La delegación en el órgano administrativo de la S. A.)*, Montecorvo, Madrid, 1971

ROMANO, ROBERTA, *The Sarbanes-Oxley Act and de Making of Quack Corporate Governance*, 2004

ROSSI, ENZO, *Amministratori di societá ed esercizio del potere, com particolare riferimento alle normative OPA e antitrust*, Giuffrè, Milano, 1989

SÁNCHEZ CALERO, FERNANDO, *Administradores*, in *Comentarios a la Ley de Sociedades Anonimas*, (dir. Fernando Sánchez Calero), t. IV, Editorial Revista de Derecho Privado/Editoriales de Derecho Reunidas, Madrid, 1994

SÁNCHEZ CALERO, FERNANDO, *Los administradores en las sociedades de capital*, Thomson/Civitas, Cizur Menor, 2005

SAN PEDRO, VELASCO, «La información en el consejo de administración: derechos y deberes del consejo y de los consejeros», in *El gobierno de las sociedades cotizadas* (coord. de Gaudencio Esteban Velasco), Marcial Pons, Madrid, 1999, p. 375 e ss.

SAN PEDRO, VELASCO, «El Comité de Auditoría», AAVV., *Derecho de sociedades anónimas cotizadas*, Thomson/Aranzadi, Cizur Menor, 2005, p. 1087 e ss.

SANTO, ESPÍRITO, *Sociedades por quotas e anónimas. Vinculação: objecto social e representação plural*, Almedina, Coimbra, 2000

SANTOS, CASSIANO DOS, *Estrutura associativa e participação societária capitalista*, Almedina, Coimbra, 2002

SERENS, NOGUEIRA, *Notas sobre a sociedade anónima*, 2.ª ed., Coimbra Editora/BFD, Coimbra, 1997

SILVA, CALVÃO DA, «"Corporate Governance" – Responsabilidade civil de administradores não executivos, da comissão de auditoria e do conselho geral e de supervisão», *RLJ*, 136.º, p.

VALENSISE, PAOLO, *La riforma delle società*, I, a c. di MICHELE SANDULLI//VITTORIO SANTORO, G. Giappichelli, Torino, 2003

VENTURA, RAÚL, «Adaptação do direito português à 1.ª Directiva do Conselho da Comunidade Económica Europeia sobre o direito das sociedades», separata de Documentação e Direito Comparado, 2, 1981

XAVIER, V. G. LOBO, *Anulação de deliberação social e deliberações conexas*, Atlântida, Coimbra, 1975

XAVIER, V. G. LOBO, «Invalidade e ineficácia das deliberações sociais no Projecto de Código das Sociedades», *RLJ*, 118.º, p. 72 e ss..

ZANARDO, ALESSANDRA, *Delega di funzioni e diligenza degli amministratori nella società per azioni*, Cedam, Padova, 2010

ÍNDICE

NOTA PRÉVIA 5

CAPÍTULO I
A DELEGAÇÃO DE MATÉRIAS DE GESTÃO CORRENTE 7

1. Introdução 7
2. A estrutura da administração das sociedades anónimas e a delegação da gestão corrente 10
3. «Delegação imprópria» 13
4. Procuradores e mandatários da sociedade 15
5. O conselho de administração é o órgão competente para delegar (se o contrato de sociedade o autorizar) 18
6. Sobre a coexistência de administradores-delegados e comissão executiva na mesma sociedade 24
7. O administrador-delegado e a comissão executiva são órgãos da sociedade 27
8. A competência do conselho de administração 32
9. Matérias delegáveis e indelegáveis 34
   9.1. Delegação da gestão corrente 34
   9.2. A fixação dos limites da delegação e as matérias indelegáveis 35
   9.3. O contrato de sociedade pode fixar limites à delegação? ... 39
   9.4. Os poderes de representação podem ser delegados? 39
   9.5. A delegação de matérias indelegáveis 40

CAPÍTULO II
A COMISSÃO EXECUTIVA 43

1. A composição da comissão executiva: número de membros 43
2. A existência de comissão executiva e o número de membros do conselho de administração 43
3. Designação dos membros da comissão executiva 47

4. O presidente da comissão executiva: dever de designação 48
5. O presidente da comissão executiva (cont): substituição 48
6. O presidente da comissão executiva (cont): especiais deveres 49
7. O funcionamento da comissão executiva 52

Capítulo III
A REPRESENTAÇÃO DA SOCIEDADE ANÓNIMA POR ADMINISTRADORES-DELEGADOS 55

1. O n.º 2 do art. 408.º do CSC 55
2. Os administradores encarregados 57
3. Alternativas para a representação através de administradores-
-delegados 59
4. Os limites da delegação do conselho e a sua (in)oponibilidade
a terceiros 60
   4.1. Os termos da questão 60
   4.2. O problema na Itália e na Espanha 61
   4.3. Em Portugal 64
   4.4. A deliberação de delegação nula por incluir matérias previstas nas alíneas a) a d), f), l) e m) do art. 406.º 70
5. Representação por administradores-delegados e actos que não
respeitam o objecto social 71
   5.1. O objecto social e os actos que não respeitam a cláusula
   que o estabelece. A Primeira Directiva sobre direito das
   sociedades 71
   5.2. A prática pelos administradores-delegados de actos que
   não respeitam o objecto social 74
6. O problema do registo e publicação da deliberação de delegação 74

Capítulo IV
A RESPONSABILIDADE DOS MEMBROS DO CONSELHO DE ADMINISTRAÇÃO POR ACTOS OU OMISSÕES DOS ADMINISTRADORES-DELEGADOS OU DOS MEMBROS DA COMISSÃO EXECUTIVA 77

1. A responsabilidade dos membros do conselho de administração. Brevíssima nota inicial 77

2. Os actos ou omissões dos administradores-delegados ou dos membros da comissão executiva 78
3. O dever de vigilância geral.. 81
4. A independência dos administradores não executivos e o dever de vigilância geral 87
5. O dever de provocar a intervenção do conselho de administração 89
6. Os deveres dos restantes membros do conselho como deveres individuais 93
7. Os administradores membros da comissão de auditoria........... 97
   7.1. Um outro órgão da sociedade.............................. 97
   7.2. Os membros da comissão de auditoria não podem ter funções executivas 100
   7.3. O exercício de funções pelos membros do conselho de administração com comissão de auditoria 106
   7.4. A responsabilidade dos membros da comissão de auditoria.. 109

BIBLIOGRAFIA 111

ÍNDICE GERAL 117